D1734391

Don C

„Sprich nur ein Wort…"

Wie unser Glaube durch Worte Wirklichkeit wird

STIWA Druck und Verlag GmbH
D-7068 Urbach

Titel der Originalausgabe: What you say is what you get!

Übersetzung: Hans-Joachim Arndt
Umschlaggestaltung: Dieter Illgen

5. Auflage, 1989

© 1976 by Don Gossett – Whitaker House
Springdale, Pennsylvania 15144, USA

© der deutschen Ausgabe 1979
bei STIWA Druck und Verlag GmbH, D-7068 Urbach

ISBN 3-923310-41-2

Herstellung:
STIWA Druck und Verlag GmbH, D-7068 Urbach

Vorwort

Der Buchtitel SPRICH NUR EIN WORT klingt im ersten Moment wie eine Art Zauberformel und scheint fast zu schön, um wahr sein zu können. Beim Lesen des ganzen Buches erfährt man jedoch, daß es sich beim Aussprechen der Worte um den verbalen Ausdruck des im Herzen gefaßten Glaubens an Gottes Wort handelt, der deshalb Gottes Eingreifen erlebt.

Bei allen wunderbaren Verheißungen der Bibel, die auch heute noch Gültigkeit haben, müssen wir allerdings beachten, daß die Erfüllung des Wortes Gottes mit Bedingungen verbunden ist. In Hebräer 11, 6 lesen wir: »Ohne Glauben ist's unmöglich, Gott zu gefallen.« Im selben Kapitel wird uns auch von »Glaubenshelden« berichtet, die »gesteinigt, zerhackt, zerstochen und durchs Schwert getötet wurden.« Der Glaube bewahrt uns also nicht vor allen Schwierigkeiten, aber er führt uns durch sie hindurch.

Hier wagt ein Mann wirklich, Gottes Wort als das Wort des Herrn anzunehmen und dasselbe im persönlichen Leben zu befolgen. Die Ergebnisse sind im wahrsten Sinne des Wortes »wunderbar«. Beim Lesen des Buches wurde ein frischer Glaubensmut in meinem Inneren angefacht. Möge der Geist Gottes diese Glut in allen Lesern neu entzünden und durch sein Wehen wie an Pfingsten zu einem gewaltigen Erweckungsfeuer in unserem Volk werden lassen.

Adolf Zinsser

Inhalt

TEIL 2: WAS DU BEKOMMST

Teil 1

Was du sagst

Kapitel I

Die Kraft des gesprochenen Wortes

Das Jahr, in dem ich die Bedeutung dessen entdeckte, was manche Leute »bloße« Worte nennen, war das härteste in meinem ganzen Leben: das ganze Jahr war voller Kummer und Schwierigkeiten.

Der August kam, und am 15. wurde unsere Tochter Jeanne Michelle geboren. Es war eine schwere Entbindung für meine Frau. Unser Hausarzt war nicht da. Sein Vertreter, ein starker Alkoholiker, sah nach meiner Frau, als sie ins Krankenhaus kam, aber wegen seiner Trunksucht war er zur Zeit der tatsächlichen Entbindung nicht da.

Meine Frau wurde lange im Entbindungssaal gelassen, während die Schwestern fieberhaft versuchten, einen Arzt ausfindig zu machen. Ich erkannte, daß die Lage kritisch war, und so betete ich ernsthaft.

Endlich fanden sie einen Arzt, und Jeanne kam zur Welt. Es war jedoch sofort erkennbar, daß sie weder so gesund noch so kräftig war wie unsere anderen Babys es gewesen waren.

Der Arzt sagte uns, daß sich bei meiner Frau während der Schwangerschaft offensichtlich ein Kalziummangel eingestellt habe. Dann sei Kalzium vom Baby zur Mutter übergegangen. Das habe verursacht, daß die Knochen in den Händen und Füßen des Babys weich und schlecht ausgebildet seien. Nach seinen Worten konnten die Hände vielleicht durch Massage allmählich wieder normal werden, aber die Klumpfüße, mit denen Jeanne geboren wurde, seien im allgemeinen auch durch Operation nicht wieder herzustellen. Obendrein entwickelten sich beim Baby Atmungsschwierigkeiten. Er konnte nicht versprechen, daß das Kind am Leben bleiben werde. Jeannes Situation war kritisch.

An Jeannes Füßen wurden Formen angelegt, sie wurde in einen Brutapparat gelegt für ihre Atmung und eine besondere Schwester wurde ihr zugeteilt, um täglich ihre Hände zu massieren. Wir mußten sie im Krankenhaus zurücklassen, als ich meine Frau nach Hause nahm.

Weil meine Frau durch die Geburt noch recht schwach war, ging ich jeden Tag ins Krankenhaus, um das Baby zu besuchen. Ich saß neben dem Brutapparat und beobachtete, wie sie ihre winzigen Füßchen bewegte und die Gipsformen zusammenschlug. Ich durfte sie jeden Tag nur ein paar kostbare Augenblicke halten. So verbrachte ich die meiste Zeit betend und bat Gott, dies winzige Etwas anzurühren und ihr Gesundheit und Kraft zu geben.

Endlich konnten wir Jeanne mit nach Hause nehmen. Es brach mir immer beinahe das Herz, wenn ich ihre Gipsformen zusammenknallen hörte, als sie ihre winzigen Füßchen bewegte. Es schien so, als erlaube Gott dem Satan, unseren Glauben und unsere Hingabe bis zum äußersten zu prüfen.

Während dieser Zeit wurde meine Frau von Gelenkrheumatismus heimgesucht. Unser Arzt sagte, daß ihre Krankheit denselben Kalziummangel zur Ursache hätte wie die Klumpfüße des Babys.

Ich mußte meine evangelistische Tätigkeit aufgeben und meine Zeit damit verbringen, für meine Frau und unsere drei Kinder zu sorgen. Neben Jeanne waren noch unser zweijähriger Sohn Michael und unsere einjährige Tochter Judy da. Weil ich ja für drei Babys sorgen mußte, bereitete ich oft die Fläschchen für alle drei gleichzeitig vor. Trotz Jeannes Zustand dachte ich oft, was es doch für ein wunderbarer Anblick war, alle drei Babys zu sehen, die Gott uns gegeben hatte!

Während dieser Zeit brachten unsere Schwierigkeiten meine Frau und mich dazu, dem Herrn näher zu kommen als je zuvor. Wir studierten ausführlich die Bibel und lasen viele gute, glaubensstärkende Bücher, Schriften und Magazine. Ein paar Wochen, nachdem Jeanne nach Hause gekommen war, waren ihre Füße so schnell gewachsen, daß es Zeit war, die Formen zu entfernen und sie durch größere zu ersetzen. Als Dr. Graham, unser Hausarzt, die Formen entfernte, *waren Jeannes Füße vollkommen gerade.*

Dr. Graham sagte uns, daß er niemals von einem Fall gehört habe, bei dem Klumpfüße völlig gerade geworden seien. Dann sagte er: »Bei ihrer Geburt ging es ihr nicht gut, und es gab nicht viel Hoffnung für ihr Überleben. Jetzt ist sie völlig in Ordnung. Beide Füße sind vollkommen normal. Ihre Atmung ist gut. Alles, was ich sagen kann, ist: Ich bin froh, daß es geschehen ist.«

Obwohl wir wußten, daß wir ein Wunder gesehen hatten, wurden wir betrübt durch die Tatsache, daß meine Frau weiterhin unter Gelenkrheuma litt. Es wurde schlechter mit ihr; sie litt Tag und Nacht unter quälenden Schmerzen. Es sah gerade so aus, als sollte unser Wunderbaby seine Mutter verlieren.

Wochen vergingen; ich hatte überhaupt kein Einkommen. Ich verpfändete unsere Möbel, aber das Geld war sehr schnell wieder weg. Ich konnte meine

Frau wegen ihres Zustandes nicht allein lassen, hatte aber auch kein Geld, jemand einzustellen, der bei ihr blieb. Immer wieder bat ich Gott, uns durchzuhelfen.

An einem unvergeßlichen Abend las ich meiner Frau den 27. Psalm vor, als mir der Heilige Geist plötzlich diese Schriftstelle lebendig machte. Aufgeregt wandte ich mich ihr zu und sagte: »Liebling, hast du das gehört?«

»Was gehört, Don?«

Ihre Gedanken waren abgeschweift, als ich vorlas. Ich konnte sie nicht tadeln. Sie war nun seit Monaten bettlägrig. Ihre Haut war farblos, ihre Füße und Beine waren zur doppelten Größe angeschwollen und ihre Kraft ließ langsam aber sicher nach. Obwohl viele unserer Freunde gekommen waren, um sie zu besuchen und für sie zu beten, hatte es keine dauerhafte Besserung gegeben. Die Aussichten waren so schlecht, daß wir fürchteten, der Todesengel sei an unserer Tür. Wir gingen durch eine wirkliche Glaubensprüfung.

An jenem Abend, als sie fragend aufblickte, sprang ich von meinem Stuhl und wiederholte den ersten Vers von Psalm 27: »Der Herr ist meines Lebens Kraft.« Als ich diese Worte begriffen hatte, umarmte ich meine Frau und sagte ihr noch einmal: »Liebling, hast du diese Schriftstelle *gehört? Der Herr ist *deines* Lebens Kraft!«

Ruhig wiederholte sie diese Worte laut: »Der Herr ist meines Lebens Kraft.« Als der Geist ihr diese Worte lebendig machte, verschwand der teilnahmslose Ausdruck aus ihren Augen, und mit einer Erregung, wie ich sie lange, lange Zeit nicht gesehen hatte, rief sie aus: »Ja, ich verstehe es! Der Herr *ist* meines Lebens Kraft!«

Eine Freude, wie ich sie monatelang nicht gespürt hatte, durchströmte mich. Ich konnte kaum still stehen, als ich ausrief: »Liebling, wenn der Herr deines Lebens Kraft ist, dann mußt du nicht mehr dort im Bett liegen! Du mußt nicht schwach und krank bleiben! Im Namen Jesu kannst du aufstehen und gehen!«

»Aufstehen und gehen, nach all diesen Monaten im Bett?« Ihr Gesicht sah verwirrt aus. Dann richtete sie sich vertrauensvoll selbst auf. Ich begann zu sehen, wie ein Ausdruck von Glauben den Zweifel und die Qual auf ihrem Gesicht ablöste. Während sie sich bemühte, auf die Füße zu kommen, rief sie jubelnd aus: »Der Herr ist meines Lebens Kraft!«

Ich konnte klar sehen, daß sie noch ebenso viele Schmerzen hatte und ihre Füße immer noch geschwollen waren, als sie sie auf den Boden setzte. Doch jetzt hatte sie sich selber vergessen. Sie richtete sich nicht danach, wie sie sich fühlte. Sie dachte an das mächtige, unfehlbare Wort Gottes und verließ sich darauf. Und jetzt rief sie kühn aus: »Der Herr ist meines Lebens Kraft!« und beanspruchte dabei Gottes Kraft, ihren eigenen schwachen Körper zu heilen.

Sie stieg aus ihrem Bett. Als sie ohne zu schwanken durch das Zimmer zu gehen begann, wiederholte sie beständig voller Freude: »Der Herr ist meines Lebens Kraft! Der Herr ist meines Lebens Kraft!«

Je mehr sie Gottes Wort wiederholte, desto mehr erhielt meine Frau Gottes Kraft. Direkt vor unseren Augen verging der Schmerz, ging die Schwellung zurück und wich die Blässe. Zwei Ärzte stellten fest, daß sie von dem Gelenkrheuma, das Verkrüppelung und Tod verhieß, völlig geheilt war. Niemals mehr von diesem freudevollen Tag an bis heute hat sie wieder unter dieser schrecklichen Krankheit gelitten.

In der Nacht, als meine Frau geheilt wurde, begann ich zu erkennen, *daß man das, was man sagt, auch bekommt.*

Ich glaube, wir bekommen, was wir sagen, weil Gott sein Wort einlöst und sein Wort sagt: »Wer... glaubt, daß es geschehen wird, was er sagt, das wird ihm geschehen« (Mark. 11, 23).

Ihm wird geschehen, was er sagt! Das ist eine ehrfurchtgebietende Verheißung der Bibel. Ich brauchte einige Zeit, um zu erkennen, wie ehrfurchtgebietend. Salomo sagte: »Wer Mund und Zunge bewahrt, der bewahrt sein Leben vor Not« (Spr. 21, 23). Und Jesus sagte: »Die Menschen müssen Rechenschaft geben am Tage des Gerichts von einem jeglichen nichtsnutzigen Wort, das sie geredet haben. Aus deinen Worten wirst du gerechtfertigt werden, und aus deinen Worten wirst du verdammt werden« (Matth. 12, 36. 37).

Aber trotz der Tatsache, daß mir diese wohlbekannten biblischen Zitate vertraut waren, war es mir irgendwie niemals aufgefallen, daß die Verheißung »ihm wird geschehen, was er sagt« ein zweischneidiges Schwert war: es konnte für oder gegen mich arbeiten, *abhängig davon, was ich sagte.*

Eines abends im Jahr 1961 sprach der Herr zu mir, genauso wie er zu seinem Volk vor langer Zeit gesprochen hatte. Er zitierte die Schrift. Zuerst sagte er: »Ihr macht den Herrn unwillig durch euer Reden« (Mal. 2, 17). Dann sprach er noch einmal zu mir und sagte: »Ihr redet hart gegen mich, spricht der Herr« (Mal. 3, 13). Ich war schockiert! Wie hatte ich den Herrn unwillig gemacht? Ich konnte mir nicht vorstellen, wie meine Worte gegen ihn hart gewesen sein könnten — bestimmt hätte ich nie etwas gegen den Herrn sagen können!

Während ich darüber nachdachte, was der Herr möglicherweise meinen könnte, machte der Heilige Geist, unser großer Lehrmeister, mich darauf aufmerksam, daß ich eine negative Sprechweise entwickelt hatte. Ich gebrauchte dauernd Sätze wie »Ich kann nicht« und »Ich fürchte mich«, obwohl Gottes Wort mir sagte »Ich kann« und »Fürchte dich nicht«. Meine Worte waren nicht in Harmonie mit Gottes Wort; ich stimmte mit dem Herrn nicht überein!

»Können etwa zwei miteinander wandern, sie seien denn einig untereinander?« fragt Amos 3, 3. Ich entdeckte, daß ich nie in Segen, Triumph und Fülle mit Gott gehen konnte, solange ich mit Gottes Wort nicht im Einklang war. Hier lag also das Geheimnis: Ich mußte mit dem Herrn übereinstimmen. Ich mußte sagen, was Gott über mein Leben sagte. Ich mußte sagen, was Gott über meine Gesundheit, meine Finanzen, meine Stärke, meine Salbung, meine Kraft und über all die Segnungen sagte, die er mir in seinem Wort verheißen hatte.

Als der Heilige Geist mich rügte, führte er mich auch dazu, zur eigenen Ermahnung in mein Tagebuch meine »Nie-wieder-Liste« zu schreiben. Sie ist am Ende dieses Kapitels abgedruckt. Zu jener Zeit hätte ich es mir nicht träumen lassen, daß mich der Heilige Geist später dazu führen würde, diese Liste in vielen Sprachen zu veröffentlichen und sie so

Hunderten und Tausenden von Menschen in der ganzen Welt mitzuteilen.

Preis sei Gott, es ist wahr, wenn du glaubst, was du sagst, bekommst du es auch. Wenn du beispielsweise sagst: »Ich kann meine Rechnungen nicht bezahlen«, dann wird es so sein — auch wenn Gottes Wort sagt: »Mein Gott wird ausfüllen all euren Mangel nach seinem Reichtum in der Herrlichkeit in Christus Jesus« (Phil. 4, 19). Aber wenn du deine negative Art zu sprechen (und zu denken) änderst, gegründet auf Gottes Zusage der Unterstützung, wirst du das finanzielle Wunder erhalten, das du brauchst.

Dieses ganze Buch handelt davon, wie du bekommst, was du sagst. Aber bevor ich das erkläre, will ich noch ein Wort der Warnung anbringen: *Da du bekommst, was du sagst, sage nie etwas, das du nicht bekommen willst.* Um jede Gewohnheit negativen Sprechens zu überwinden, kann es dir helfen, dort anzufangen, wo ich anfing: bei meiner »Nie-wieder-Liste«.

Meine »Nie-wieder-Liste«

Nie wieder will ich bekennen »Ich kann nicht«, denn »ich vermag alles durch den, der mich mächtig macht, Christus« (Phil. 4, 13).

Nie wieder will ich Mangel bekennen, denn »mein Gott wird ausfüllen all meinen Mangel nach seinem Reichtum in der Herrlichkeit in Christus Jesus« (Phil. 4, 19).

Nie wieder will ich Furcht bekennen, denn »Gott hat mir nicht gegeben den Geist der Furcht, sondern der Kraft und der Liebe und der Zucht« (2. Tim. 1, 7).

Nie wieder will ich Zweifel und Mangel an Glauben bekennen, denn »Gott hat jedem Menschen das Maß des Glaubens ausgeteilt« (Röm. 12, 3).

Nie wieder will ich Schwachheit bekennen, denn »der Herr ist meines Lebens Kraft« (Ps. 27, 1) und »das Volk, das seinen Gott kennt, wird sich aufmachen und danach handeln« (Dan. 11, 32).

Nie wieder will ich die Herrschaft Satans über mein Leben bekennen, denn »der in mir ist, ist größer, als der in der Welt ist« (1. Joh. 4, 4).

Nie wieder will ich die Niederlage bekennen, denn »Gott gibt mir allezeit Sieg in Christus« (2. Kor. 2, 14).

Nie wieder will ich Mangel an Weisheit bekennen, denn »Christus Jesus ist mir von Gott zur Weisheit gemacht« (1. Kor. 1, 30).

Nie wieder will ich Krankheit bekennen, denn »durch seine Wunden bin ich geheilt« (Jes. 53, 5) und Jesus »hat meine Schwachheit auf sich genommen und meine Krankheit getragen« (Matth. 8, 17).

Nie wieder will ich Sorgen und Enttäuschungen bekennen, denn ich »werfe alle meine Sorgen auf ihn, denn er sorgt für mich« (1. Petr. 5, 7). In Christus bin ich »sorgenfrei«!

Nie wieder will ich Gebundenheit bekennen, denn »wo der Geist des Herrn ist, da ist Freiheit« (2. Kor. 3, 17). Mein Körper ist der Tempel des Heiligen Geistes!

Nie wieder will ich Verdammnis bekennen, denn »so gibt es nun keine Verdammnis für die, die in Christus Jesus sind« (Röm. 8, 1). Ich bin in Christus; deswegen bin ich frei von Verdammnis.

Kapitel II

Dein unsichtbarer Helfer

Mabel Marvin, die einen meiner Gottesdienste besuchte, erzählte mir ein gutes Beispiel dafür, welche Ergebnisse es hat, wenn man Gott bei seinem Wort nimmt. Sie und ihr Gatte siegten über eine schlimme Situation, indem sie sich einfach weigerten, negativen Gedanken und Worten Raum zu geben, und ihren positiven Glauben an Gottes Vorsorge laut kundtaten.

Ich kann mir sehr gut vorstellen, daß Satan an dem Tag, als diese Geschichte begann, besonders beschäftigt war, denn die Menschen waren auf dem Heimweg vom Sonntagsgottesdienst. Er muß sich im klaren darüber gewesen sein, daß er sich mehr würde anstrengen müssen als an anderen Tagen, um dem entgegenzuwirken, was Gottes Volk in der Kirche gehört hatte. Er beobachtete wahrscheinlich fröhlich Mabels Lage, aber er rechnete nicht damit, daß Mabel die Kraft des gesprochenen Wortes kannte, wenn es nach den Prinzipien Gottes gebraucht wird. Hier ist Mabels Geschichte darüber:

»Die Predigt an diesem Januarmorgen hatte davon gehandelt, daß man in positiven Worten reden sollte, wenn es Schwierigkeiten gibt — wenn alles schief geht. Unser Prediger hatte uns gesagt, weil ›wir wissen, daß denen, die Gott lieben, alle Dinge zum Besten dienen‹ (Röm. 8, 28), wissen wir auch, daß Gott die schlimmsten Umstände dazu führen wird, daß sie für uns arbeiten, ganz gleich, wie unmöglich die

Dinge zu der Zeit erscheinen mögen. Ich sollte einen Anschauungsunterricht über die Morgenpredigt bekommen.

Auf unserem Heimweg von der Kirche schien alles schief zu gehen. Unser alter Lastwagen, unser einziges Transportmittel, mit dem wir auch unseren Lebensunterhalt durch Milchausliefern verdienten, hatte wieder eine Panne. Und die Gänge waren erst weniger als einen Monat zuvor in der Werkstatt repariert worden. Wir waren verzweifelt, denn es war Krieg und alles rationiert.

›Diesmal ist es aus mit ihm ‹, sagte mein Mann Henry. ›Ich weiß nicht, was wir jetzt tun sollen. Es gibt so viele, die vor mir auf der Liste stehen, daß mir der Autohändler gesagt hat, es könnte zwei Jahre dauern, bis ich einen Lkw bekäme. Aber wir brauchen *jetzt* einen. Wie sollen wir zum Gottesdienst kommen? Wie sollen wir Futter für unsere Kühe holen? Wie sollen wir unsere Milch ausliefern oder unsere Lebensmittel holen? Das macht mich krank. ‹

›Mit Gott ist alles möglich ‹, erinnerte ich ihn. ›Wir haben lange Zeit gebetet. Jetzt ist es Zeit, den Herrn für einen neuen Lastwagen zu preisen. Wir wollen diese Morgenpredigt in die Praxis umsetzen! ‹

Henry schaute mich an, als hätte ich bestimmt den Verstand verloren. Er zögerte und sagte dann: ›Angenommen, wir tun das und bekommen dann *doch* keinen neuen Lastwagen? ‹

›Wie werden wir das erfahren, wenn wir es nicht versuchen? ‹, antwortete ich. ›Ich werde jetzt anfangen, den Herrn für einen neuen Lastwagen zu preisen und nicht aufhören, bis wir einen bekommen. Der Herr kennt unsere Not, er wird ihr begegnen. Gott hat versprochen, alle unsere Bedürfnisse nach seinem Reichtum in der Herrlichkeit zu erfüllen‹ (Phil. 4, 19).

Der Weg führte zwei Kilometer über zwei Hügel — und es war bitter kalt. Aber bei jedem Schritt des Weges priesen wir den Herrn für einen nagelneuen Lkw. Und am nächsten Tag fuhr ich fort, den Herrn zu preisen.

Ich war auf meinen Knien und pries noch immer den Herrn, als Henry anrief, um mir zu sagen, er habe einen neuen Dodge-Lastwagen! Mr. Johnson, der Mann, mit dem er zur Stadt gefahren war, nachdem unser Lkw die Panne hatte, mußte bei einer Dodge-Verkaufsstelle einen Auftrag ausführen. Ein Lastwagen war am Nachmittag vorher angekommen, doch der Mann, der ihn bestellt hatte, nahm ihn nicht, weil der Radstand für ihn zu klein war. Mr. Johnson erwähnte dem Verkäufer gegenüber unsere Not, und Henry hatte einen neuen Dodge-Laster!«

Bei Gott gibt es keine Zufälle. Oder vielleicht sollte ich das mit den Worten Sam Feldmans ausdrücken, eines lieben jüdischen Bruders im Herrn, der immer sagt, daß »Zufall das Werk Gottes ist«. Diejenigen von uns, die mit Gott wandeln, haben einfach zu viele »Zufälle« nach dem Gebet gesehen, zu viele »zufällige« Antworten auf das Gebet, zu oft, um an Zufälle zu glauben. Mabel Marvin hatte einfach erfahren, daß Worte als ein Instrument des Glaubens Macht haben, die Tür zu Gottes vollen Segnungen zu öffnen. Sie hatte erfahren, daß Gott ihr »unsichtbarer Helfer« war. Wie kannst du lernen, Gott zu deinem »unsichtbaren Helfer« zu machen? Es ist einfach — folge nur den richtigen Anweisungen.

Wenn du wissen willst, wie man einen Kamin baut, nimmst du ein Buch, das dir sagt, wie es geht. Willst du lernen, wie man einen Apfelkuchen bäckt, nimmst du ein Kochbuch. Wenn du wissen willst, wie Gott deinen Bedürfnissen begegnet, nimm seine Anweisungen zur Hand.

Nach *Reader's Digest* stellte der große Erfinder Buckminster Fuller einmal fest, daß die Schwierigkeiten mit dem Raumschiff Erde daher kommen, daß es ohne Gebrauchsanweisung geliefert wurde. Er hatte unrecht. Es *gibt* eine Gebrauchsanweisung für das Raumschiff Erde, und dieses Buch ist die Bibel. Soweit es dich und mich angeht, ist es ein Hersteller-Handbuch, das uns nicht nur sagt, wie man mit dem Raumschiff Erde und seinen Bewohnern umgehen soll, sondern auch, wie wir die nötigen Serviceleistungen bei unserem »Hersteller« anfordern sollen.

Als erstes sagt uns das Handbuch, daß wir mit Gott bekannt sein müssen, wenn wir ihn um einen Gefallen bitten. Viele Menschen glauben, es gäbe keinen Gott, weil Gott ihre Gebete nicht beantworten will. Das ist das gleiche, wie wenn man sagt, Don Gossett existiert nicht, weil er seinen Telefonhörer nicht abgenommen hat! Nach unserem Handbuch gibt es jedoch einen *Grund*, warum Gott zu vielen Menschen nicht spricht. »Eure Verschuldungen scheiden euch von eurem Gott, und eure Sünden verbergen sein Angesicht vor euch, daß ihr nicht gehört werdet« (Jes. 59, 2). Gott ist nicht tot — er hört nur nicht!

Wie können wir erreichen, daß Gott uns hört? Das Handbuch spricht auch darüber. Zuerst sollten wir nicht überrascht sein, wenn Gott uns nicht zuhört, weil das Handbuch uns sagt: »Alle haben gesündigt«

(Röm. 3, 23). Wenn wir also Schwierigkeiten haben, zu Gott durchzukommen, müssen wir ihn bitten, uns zu vergeben, unsere Sünden auszulöschen. Er kann unsere Sünden vergeben, weil sein Sohn, Jesus Christus, für uns »die Schläge bekam«. »Der Herr warf unser aller Sünde auf ihn« (Jes. 53, 6).

Jesus Christus »bekam die Schläge« für die ganze Welt, aber um einen Gewinn daraus zu ziehen, sagt uns die Bibel, müssen wir bestimmte Schritte tun: »So tut nun Buße und bekehret euch, daß eure Sünden getilgt werden« (Apg. 3, 19). Buße tun bedeutet, sich für Gottes Weg zu entscheiden, seine Vergebung für alle Sünden, die wir begangen haben, zu erbitten, und, wenn wir das nie vorher getan haben, Jesus Christus zu bitten, in unser Herz und Leben zu kommen (Offb. 3, 20).

Wenn wir diese einfachen Schritte befolgt haben, »macht uns das Blut Jesu Christi, seines Sohnes, rein von aller Sünde« (1. Joh. 1, 7), der Geist Christi kommt, um in uns zu wohnen (Röm. 8, 9), wir werden Gottes Kinder und Erben (Joh. 1, 12; Röm. 8, 16. 17); und »dann wirst du rufen, und der Herr wird dir antworten. Wenn du schreist, wird er sagen: Siehe, hier bin ich« (Jes. 58, 9).

Der Mann auf der Straße, wenn er sich überhaupt je über Gott Gedanken macht, denkt wahrscheinlich an ihn als seinen Vater. Aber denkt Gott an *ihn* als seinen Sohn? Nur dann, wenn er unter die Herrschaft Jesu Christi gekommen ist durch Buße und Annahme Jesu als Herrn und Heiland. Jeder, der Jesus angenommen hat, ist ein Gotteskind.

Für Menschen, die Gott nicht kennen oder erst kurz mit ihm bekannt geworden sind, ist es oft eine Überraschung, daß Gott die »Bürokratie« erfand.

Aber Gottes Bürokratie kommt nie durcheinander! Sobald du Jesus annimmst, wird dein Name offiziell im Himmel festgehalten als eines der von Gott angenommenen Kinder, und zwar in einem Zentralregister, dem »Lebensbuch des Lammes«. Du hast nun das verbriefte Recht, soweit es Gott betrifft, dich Gottes Kind und Erbe zu nennen. Und du hast das Recht, alle die Rechte und Privilegien, die sein Sohn Jesus Christus genoß, als deine eigenen zu beanspruchen. Du bist Miterbe Jesu Christi und kannst an allen seinen Vorrechten teilhaben! Keine Frage, *was du sagst, bekommst du auch!*

Wenn Gott dich annimmt, hast du ein ganz neues, ein ewiges Leben vor dir, das nach Regeln gelebt wird, die völlig verschieden sind von denen, welchen du bisher gefolgt bist. Vorher hast du alles nach Gesetzen der Natur getan. Obgleich du noch nach Naturgesetzen handeln kannst, hast du jetzt eine zweite Reihe von Gesetzen zu deiner Verfügung. Als eines von Gottes Kindern hast du das Recht, nach seinen übernatürlichen Gesetzen zu handeln.

Ken Copeland gab in einem seiner Bücher ein sehr gutes Beispiel dafür, wie Gottes übernatürliche Gesetze manchmal seine natürlichen Gesetze zu »brechen« scheinen. Ken ist Pilot und weiß eine Menge über Flugzeuge. Er machte deutlich, daß Flugzeuge das Gesetz der Schwerkraft zu »brechen« scheinen. In der Tat funktionieren Flugzeuge jedoch nach dem Gesetz des Auftriebs, das einfach die Probleme überwindet, die vom Gesetz der Schwerkraft aufgestellt werden. In derselben Weise überwinden Gottes übernatürliche Gesetze Gottes natürliche Gesetze. Auf eine Weise, die nur Gott bekannt ist, brauchen Gotteskinder nur zu sprechen und zu glauben und was sie gesprochen haben, wird geschehen. Preis sei Gott, wir brauchen nicht zu wissen, wie es geht! Du mußt nicht wissen, wie der Auftrieb die Schwerkraft überwindet, um in einem Flugzeug mitzufliegen, und du mußt nicht wissen, wie die Dinge, die du sagst und glaubst, geschehen. Es genügt, daß sie geschehen!

Gerade so wie die natürlichen Kinder der Welt lernen müssen, wie man geht, ohne durch das Gesetz der Schwerkraft ins Wanken gebracht zu werden, so müssen auch Gottes übernatürliche Kinder lernen, mit seinen übernatürlichen Gesetzen zu arbeiten, ohne daß sie durch die natürlichen Gesetze ins Wanken gebracht werden. Im Geist gehen zu lernen erfordert Zeit, genauso, wie es Zeit braucht, im Fleisch gehen zu lernen. Doch es ist die Anstrengung wohl wert.

Gott gefallen

1. »Ich tue allezeit, was ihm gefällt« (Joh. 8, 29).

2. »Und was wir bitten, werden wir von ihm nehmen; denn wir halten seine Gebote und tun, was vor ihm gefällig ist« (1. Joh. 3, 22). Antworten auf Gebet haben zur Bedingung, daß wir solche Dinge tun, die vor ihm gefällig sind. Wenn meine Gebete nicht beantwortet werden, muß ich ihm mehr zu gefallen suchen, in dem Wissen, daß seine Augen immer auf mich gerichtet sind!

3. »Er hatte das Zeugnis, daß er Gott gefallen habe« (Hebr. 11, 5). Das ist mein Herzenswunsch, mein kühnes Streben, daß ich dasselbe Zeugnis haben möge: daß ich Gott gefalle mit meinem Leben, meiner Zeit, meinen Talenten, meinem Geld, mit allem!

4. »Aber ohne Glauben ist's unmöglich, Gott zu gefallen« (Hebr. 11, 6). Da ich Gott nur durch Glauben gefallen kann, will ich kühn das Glaubensleben führen. Wie? »Ich lebe im Glauben des Sohnes Gottes« (Gal. 2, 20). »Das Wort ist mir nahe, in meinem Munde und in meinem Herzen. Das ist das Wort des Glaubens« (Röm. 10, 8). »Glaube kommt aus dem Hören, und das Hören aus dem Wort Christi« (Röm. 10, 17).

5. »Gedenke ich, Menschen gefällig zu sein? Wenn ich den Menschen noch gefällig wäre, so wäre ich Christi Knecht nicht« (Gal. 1, 10). Als wahrer Gläubiger suche ich über alles, meinem Herrn zu gefallen. »Nicht mit Dienst allein vor Augen, um den Menschen zu gefallen« (Eph. 6, 6).

6. »Wir aber, die wir stark sind, sollen der Schwachen Unvermögen tragen und nicht uns selber zu Gefallen leben. Es lebe ein jeglicher unter uns so, daß er seinem Nächsten gefalle zum Guten, zur Auferbauung. Denn auch Christus hat nicht sich selber zu Gefal-

len gelebt« (Röm. 15, 1 – 3). Gott gefallen bedeutet Verneinung der Selbstgefälligkeit, um an Christi Stelle anderen zu dienen.

7. »Denn so spricht der Herr: ... erwählen, was mir wohl gefällt« (Jes. 56, 4). Ich soll die Dinge wählen, die meinem Herrn gefallen. »Ihr esset nun oder trinket oder was ihr tut, so tut es alles zu Gottes Ehre« (1. Kor. 10, 31). »Und alles, was ihr tut mit Worten oder mit Werken, das tut alles in dem Namen des Herrn Jesus und danket Gott, dem Vater, durch ihn« (Kol. 3, 17). »Alles, was ihr tut, das tut von Herzen als dem Herrn und nicht den Menschen und wisset, daß ihr von dem Herrn zum Lohn das Erbe empfangen werdet. Ihr dient dem Herrn Christus!« (Kol. 3, 23. 24).

Kapitel III

Was man zu einem Berg sagt

Zahllose Menschen setzen ihrem Glück und ihrem Erfolg im Leben eine Grenze, weil sie niemals die Wichtigkeit von Worten, Worten jeder Art, erkennen. Im 11. Kapitel des Markusevangeliums gibt es eine interessante Geschichte über die Kraft des gesprochenen Wortes. Jesus und seine Jünger waren auf dem Wege von Bethanien nach Jerusalem, und Jesus war hungrig.

> Und er sah einen Feigenbaum von ferne, der Blätter hatte; da trat er hinzu, ob er etwas darauf fände. Und da er hinzukam, fand er nichts als nur Blätter; denn es war nicht die Zeit für Feigen. Und Jesus hob an und sprach zu ihm: Nun esse von dir niemand mehr eine Frucht ewiglich! Und seine Jünger hörten das...

Hier sprach Jesus zu einem Baum! Und wir wissen, daß er laut sprach, weil seine Jünger es hörten. Offensichtlich schien in dem Augenblick, als er sprach, nichts zu geschehen, doch die Bibel sagt uns weiter, was am nächsten Morgen geschah, als Jesus und seine Jünger erneut an dem Feigenbaum vorbeikamen:

> Und als sie am Morgen an dem Feigenbaum vorübergingen, sahen sie, daß er verdorrt war bis auf die Wurzel. Und Petrus dachte daran und sprach zu ihm: Rabbi, siehe, der Feigenbaum,

den du verflucht hast, ist verdorrt. Und Jesus antwortete und sprach zu ihnen: Habt Glauben an Gott! Wahrlich, ich sage euch: *Wer zu diesem Berge spräche:* Hebe dich und wirf dich ins Meer! und zweifelte nicht in seinem Herzen, sondern glaubte, daß es geschehen würde, *was er sagt, so wird's ihm geschehen.*

Bitte beachte das in dieser Schriftstelle, Jesus sprach mehr über das Sagen als über das Glauben!

Kenneth Hagin sagt, daß Markus 11, 23 das Geheimnis des Erfolges ist, Wunder von Gott zu erhalten. Ein anderer Freund von mir, Austin Barton, hat ein bewegendes Zeugnis der praktischen Anwendung und Macht dieser Schriftstelle. Er hatte mehrere schwere Herzanfälle erlitten, gefolgt von einem Schlaganfall. Es schien keine Hoffnung für sein Leben zu geben. Er nahm diese Schriftstelle in Anspruch und sagte einfach zu seinem »Berg des Herzschadens und der geschwächten Gesundheit«, er solle sich hinweghaben, und er wurde gesund, zur Ehre Gottes. Er nahm seinen Dienst wieder auf und Spezialisten sagten übereinstimmend, daß es überhaupt keinen Befund gab, daß die massiven Herzanfälle, die er durchgemacht hatte, eine Spur in seinem Körper zurückgelassen hätten.

Diese Stelle aus Markus 11 ist auch in meinem eigenen Leben eine Quelle großer Kraft gewesen, und ich erinnere dich daran, daß »*wer spräche...* und zweifelte nicht in seinem Herzen, sondern glaubte, daß es geschehen würde, *was er sagt, so wird's ihm geschehen.*«

Manche Leute haben versucht, die Stelle in bezug auf das Gebet auszulegen. Sicherlich hat das Gebet seinen wichtigen Platz und ist eine Quelle ungeheurer Kraft, doch hier redet Jesus über das *Sprechen,* nicht über das *Beten.* Nach dieser Bibelstelle mußt du jedoch, bevor du *sprechen* kannst, etwas anderes noch vorher wissen: Wie man in seinem Herzen nicht zweifelt.

Zweifel ist das Gegenteil von *Glauben.* Wie hast du Glauben? Du entscheidest dich, Gott bei seinem Wort zu nehmen. Wie zweifelst du? Du triffst die Entscheidung, Gott nicht bei seinem Wort zu nehmen, oder stellst die Entscheidung, Gottes Wort als Tatsache zu nehmen, in Frage. Die Entscheidung, Glauben zu haben — Gottes Wort als eine Tatsache zu nehmen — muß fest sein. Jedesmal, wenn du entscheidest, daß Gottes Wort nicht vertraut werden kann, fällst du in Zweifel. Deshalb sagt uns Jakobus: »Er bitte aber im Glauben und zweifle nicht; denn wer da zweifelt, der ist gleich wie die Meereswoge, die vom Winde getrieben und bewegt wird. Solcher Mensch denke nicht, daß er etwas von dem Herrn empfangen werde. Ein Zweifler ist unbeständig in allen seinen Wegen« (Jak. 1, 6 – 8).

Wenn wir erwähnt haben, daß wir nicht wanken dürfen, wenn wir von Gott etwas zu erhalten hoffen, müssen wir auch darauf hinweisen, daß es unser *Glaube* ist, der nicht wanken darf. Unsere Entscheidung, Gott zu vertrauen, muß fest bleiben, ganz gleich, wie furchtsam oder unsicher wir uns *fühlen* bezüglich des Ausganges der Angelegenheit.

In der Nacht, als meine Frau von Gelenkrheumatismus geheilt wurde, fühlte sie sich schrecklich — schwach und voller Schmerzen. Sie *spürte* nicht, daß der Herr die Kraft ihres Lebens war, aber sie *glaubte* es. Wie wußte sie, daß er ihre Stärke war? Er sagte es in seinem Wort. Da Gott es sagte, mußte es wahr sein — ganz gleich, ob ihr Körper das Gegenteil bewies.

Die Bibel sagt, daß Gott »dem ruft, was nicht ist, daß es sei« (Röm. 4, 17). Gott lügt nicht — er tut die Dinge nur anders, als wir sie tun. Bei uns heißt es: erst sehen, dann glauben — wie der ungläubige Thomas. Gottes Weg heißt: erst glauben, dann sehen. Gott sagt: »Selig sind, die nicht sehen und doch glauben« (Joh. 20, 29).

In Markus 11, 23 werden nur zwei Bedingungen gestellt, um alles zu erhalten, was du sagst. Eine davon ist glauben: Du mußt in deinem Herzen glauben, daß das geschehen wird, was du sagst. Die andere ist sprechen: Du mußt das sagen, woran du glaubst, um das, was du sagst, geschehen zu lassen.

Viele Menschen denken, sie müßten »großen Glauben« haben, um zu erreichen, daß ihre Worte Wunder bewirken. Aber das hat Jesus nicht gelehrt. Er sagte: »Wenn ihr Glauben habt wie ein Senfkorn (ein sehr kleiner Same), so könnt ihr sagen zu diesem Berge: Hebe dich von hinnen dorthin!, so wird er sich heben; und euch wird nichts unmöglich sein« (Matth. 17, 20).

Der obige Vers hat zu unserem Verständnis beigetragen, wie wir bekommen, was wir sagen, indem er uns zeigt, daß wir nur *ein wenig Glauben* benötigen; und wiederum sehen wir, daß wir *diesen Glauben in Worte fassen* müssen. Wenn du einmal verstanden hast, was Glauben ist, ist es ebenso leicht, Glauben zu haben, wie die Worte auszusprechen.

Was ist nun also Glauben? Vor allem möchte ich herausstellen, was Glauben nicht ist: Glaube ist nicht Gefühl. Du kannst fühlen, als ob etwas geschehen würde und es wird nicht eintreten. Aber wenn du

Glauben hast, daß etwas geschehen wird, dann wird es geschehen.

Sowohl das Alte als auch das Neue Testament sprechen von Abraham als einem Beispiel des Glaubens zu uns. »Abraham hat Gott geglaubt, und das ist ihm zur Gerechtigkeit gerechnet« (Jak. 2, 23). Was hat Abraham geglaubt? Als Abraham in der Vollkraft seines Lebens war, hatte Gott ihm einen Sohn versprochen und ihm gesagt, daß seine Nachkommen unzählbar sein würden. Doch mit neunundneunzig war Abraham noch ohne einen Erben, als Gott ihm erschien und ihm sagte: »Meinen Bund will ich aufrichten mit Isaak, den dir Sara gebären soll um diese Zeit im nächsten Jahr« (1. Mose 17, 21). Die Bibel zeigt uns, daß *zwei* Wunder nötig waren, weil sowohl Sara als auch Abraham zu der Zeit zu alt waren, um Kinder zu haben! Saras Wunder geschah auch durch Glauben. Hebr. 11, 11 sagt uns: »Durch den Glauben empfing auch Sara Kraft, daß sie schwanger ward über die Zeit ihres Alters hinaus; denn sie achtete den treu, der es verheißen hatte.«

Die Bibel sagt uns, daß Abraham »nicht schwach im Glauben ward, sah auch nicht an seinen eigenen Leib, welcher schon erstorben war, weil er fast hundertjährig war, noch den erstorbenen Leib der Sara. Denn er zweifelte nicht durch Unglauben an der Verheißung Gottes, sondern ward stark im Glauben und gab Gott die Ehre und wußte aufs allergewisseste: was Gott verheißt, das kann er auch tun. Darum ist's ihm auch zur Gerechtigkeit gerechnet« (Röm. 4, 19 – 22).

Durch meine eigenen Erfahrungen und durch die Schrift bin ich überzeugt, daß Abraham sich nicht imstande *fühlte,* einen Sohn zu zeugen. Tatsächlich berichtet die Bibel, daß »Abraham auf sein Angesicht fiel und lachte und sprach in seinem Herzen: Soll mir mit hundert Jahren ein Kind geboren werden, und soll Sara, neunzig Jahre alt, gebären?« (1. Mose 17, 17), als Gott ihm sagte, im nächsten Jahr solle ihm ein Sohn geboren werden.

Später — bevor Isaak geboren wurde — hörte Sara, wie Gott sein Versprechen eines Sohnes an Abraham wiederholte: »Und sie waren beide, Abraham und Sara, alt und hochbetagt, so daß es Sara nicht mehr ging nach der Frauen Weise. Darum lachte sie bei sich selbst und sprach: Nun ich alt bin, soll ich noch der Liebe pflegen, und mein Herr ist auch alt!« (1. Mose 18, 11. 12). Obwohl also die Schrift die Geburt Isaaks dem Glauben sowohl Abrahams als auch Saras zuspricht, sehen wir, daß weder Abraham noch Sara sich so *fühlten,* als könnten sie noch Eltern werden. Tatsächlich lachten Abraham und Sara darüber, als Gott weiterhin die Geburt Isaaks versprach. Darum sagte Gott ihnen, sie sollten das Kind Isaak nennen, das heißt Lachen.

Als Abraham Gott glaubte, »wurde ihm das zur Gerechtigkeit gerechnet«. Glaube ist Gott wohlgefällig, und »ohne Glauben ist's unmöglich, Gott zu gefallen; denn wer zu Gott kommen will, der muß glauben, daß er sei und denen, die ihn suchen, ein Vergelter sein werde« (Hebr. 11, 6).

Da der Glaube in unserer Beziehung zu Gott so entscheidend wichtig ist, ist es eine gute Sache, daß es ein Geschenk von ihm ist (siehe Eph. 2, 8), und auch, daß »Gott jedem das Maß des Glaubens ausgeteilt hat« (Röm. 12, 3). Weil tatsächlich Gott jedem Menschen das Maß des Glaubens ausgeteilt hat — und alles, was wir brauchen, um einen Berg zu bewegen, ist die Größe eines Senfkorns — brauchen wir uns keine Sorgen machen, ob wir Glauben haben oder nicht. Wir müssen nur die Entscheidung treffen, daß wir den Glauben, den wir schon haben, auf die richtige Weise anwenden.

Ich preise den Herrn, daß Glaube nicht von unseren Gefühlen abhängig ist. Schließlich können wir nicht entscheiden, wie wir uns fühlen. Allgemein gesagt: Gefühle widerfahren uns, wir können über sie nicht im voraus entscheiden. Aber Glaube ist nicht eine Sache von Gemütsbewegungen oder Gefühlen, auch nicht unserer körperlichen Empfindungen. Glauben ist Willenssache.

Da wir ja schon »ein Maß des Glaubens« haben (ob wir so fühlen oder nicht), ist alles, was wir tun müssen, um »Glauben zu haben«, entscheiden, daß wir Gottes Wort für die fragliche Angelegenheit in Anspruch nehmen.

Wenn wir uns entscheiden, Gottes Wort für etwas Bestimmtes in Anspruch zu nehmen, (was nicht schwer fallen sollte: Titus 1, 2 sagt uns, daß Gott nicht lügen kann), dann können wir *wissen*, daß wir haben, was Gott uns versprochen hat, auch bevor wir sehen können, daß es eintritt. Darum sagt der Schreiber des Hebräerbriefes: »Es ist aber der Glaube eine gewisse Zuversicht des, das man hofft, und ein Nichtzweifeln an dem, das man nicht sieht« (Hebr. 11, 1). Die Entscheidung, Gottes Wort darauf anzuwenden, ist schon der Beweis für uns, daß wir die Dinge, auf die wir gehofft haben, die »man nicht sieht«, erhalten.

Als sich meine Frau entschied, Gottes Wort in Anspruch zu nehmen, daß der Herr die Kraft ihres Lebens sei, hatte sie noch genauso viele Schmerzen wie immer. Ihre Füße waren noch geschwollen. Sie hatte keinen Beweis, daß sie geheilt war — außer dem Beweis des Glaubens. Sie wußte, Gottes Wort sagte »Der Herr ist meines Lebens Kraft«, also wußte sie, daß sie Kraft hatte. Weil sie Kraft hatte, stand sie auf und ging — und dann stellte sie fest, daß Gottes Wort wahr ist.

Nun, um etwas zu glauben, von dem wir durch die Erkenntnis unserer fünf Sinne nicht wissen, daß es wahr ist, müssen wir noch eine andere Möglichkeit haben, das festzustellen. (Wenn wir nicht wissen, daß es wahr ist, können wir nur hoffen, aber nicht glauben.) Der einzige Weg dazu ist natürlich zu wissen, daß alles wahr ist, was Gott in seinem Wort sagt, weil Gott nicht lügen kann. Wenn es in Gottes Wort steht, können wir wissen, daß es wahr ist. Darum sagte Jesus: »Wenn ihr in mir bleibet *und meine Worte in euch bleiben,* werdet ihr bitten, was ihr wollt, und es wird euch widerfahren« (Joh. 15, 7).

Was für eine Zusage! Sie ist wie ein Blankoscheck auf der Himmelsbank: »Ihr werdet bitten, was ihr wollt, und es wird euch widerfahren!« Und das Beste daran ist, daß Gottes Wort — das vollkommen verläßlich ist — viele dieser »alles-inklusive« Verheißungen enthält, zusätzlich zu einigen ganz speziellen. Hier sind noch ein paar »Blankoschecks« auf Gottes Wunderbank:

»Und was ihr bitten werdet in meinem Namen, das will ich tun, auf daß der Vater verherrlicht werde in dem Sohne« (Joh. 14, 13).

»Was ihr mich bitten werdet in meinem Namen, das will ich tun« (Joh. 14, 14).

»...damit, wenn ihr den Vater bittet in meinem Namen, er's euch gebe« (Joh. 15, 16).

»Bittet, so wird euch gegeben« (Matth. 7, 7).

Gottes Wort verheißt, daß du als Gläubiger nur bitten mußt — und *was du sagst, bekommst du auch!*

Die Kraft »bloßer« Worte

Wenn sich jemand läßt dünken, er diene Gott, und hält seine Zunge nicht im Zaum, sondern betrügt sein Herz, dessen Gottesdienst gilt nichts. (Jak. 1, 26)

Denn wer leben will und gute Tage sehen, der hüte seine Zunge, daß sie nichts Böses rede, und seine Lippen, daß sie nicht trügen. (1. Petr. 3, 10)

Eine linde Zunge ist ein Baum des Lebens; aber eine lügenhafte bringt Herzeleid. (Spr. 15, 4)

Herr, behüte meinen Mund und bewahre meine Lippen! (Ps. 141, 3)

Freundliche Reden sind Honigseim, trösten die Seele und erfrischen die Gebeine. (Spr. 16, 24)

Wo viel Worte sind, da geht's ohne Sünde nicht ab; wer aber seine Lippen im Zaum hält, ist klug. (Spr. 10, 19)

Des Gerechten Lippen erquicken viele; aber die Toren werden an ihrer Torheit sterben. (Spr. 10, 21)

Wer nun mich bekennt vor den Menschen, den will ich auch bekennen vor meinem himmlischen Vater. Wer mich aber verleugnet vor den Menschen, den will ich auch verleugnen vor meinem himmlischen Vater. (Matth. 10, 32. 33)

Denn ich will euch Mund und Weisheit geben, welcher nicht soll widerstehen noch widersprechen können alle eure Widersacher. (Luk. 21, 15)

Denn wenn man von Herzen glaubt, so wird man gerecht; und wenn man mit dem Munde bekennt, so wird man gerettet. (Röm. 10, 10)

Ich sage euch aber, daß die Menschen müssen Rechenschaft geben am Tage des Gerichts von einem jeglichen nichtsnutzigen Wort, das sie geredet haben. Aus deinen Worten wirst du gerechtfertigt werden, und aus deinen Worten wirst du verdammt werden. (Matth. 12, 36. 37)

Es ist einem Mann eine Freude, wenn er richtig antwortet, und wie wohl tut ein Wort zur rechten Zeit! (Spr. 15, 23)

Des Gerechten Mund ist ein Brunnen des Lebens. (Spr. 10, 11)

Wer Mund und Zunge bewahrt, der bewahrt sein Leben vor Not. (Spr. 21, 23)

Lasset kein faul Geschwätz aus eurem Munde gehen, sondern was gut ist und das Nötige fördert, das redet, auf daß es Segen bringe denen, die es hören. (Eph. 4, 29)

Kapitel IV

»Ich kann nicht«
sind drei Worte

Eine meiner Aufgaben als Prediger ist es, so glaube ich, für die Kranken zu beten. »Ist jemand unter euch krank, der rufe zu sich die Ältesten der Gemeinde, daß sie über ihm beten und ihn salben mit Öl in dem Namen des Herrn. Und das Gebet des Glaubens wird dem Kranken helfen, und wenn er hat Sünden getan, wird ihm vergeben werden« (Jak. 5, 14. 15).

Aber trotz der Tatsache, daß die Bibel Heilung für die Kranken verheißt, gab es am Anfang meines Heilungsdienstes eine Frau, die eine besonders schwere Last auf mein Herz legte. Sie litt an einem extrem starken, hartnäckigen Asthma. Ich hatte viele Male für sie beten müssen, doch jedes Mal schien es ihr nicht besser zu gehen.

Eines Tages trat sie an mich heran, um mir von ihren Schwierigkeiten zu erzählen. Tief ehrlich, aber so entmutigt, daß sie nicht mit mir sprechen konnte, ohne in Tränen auszubrechen, sagte sie: »Bruder Gossett, ich begreife nicht, warum ich keine Heilung empfangen kann. Ich weiß von anderen Leuten, die an Asthma litten, für die Sie gebetet haben, und sie sind geheilt worden. Wenn es stimmt, daß Gott die Person nicht ansieht, weshalb heilt er mich dann nicht?«

Ich antwortete: »Ich weiß nicht, warum Sie keine

Heilung erhalten haben, aber erzählen Sie mir alles über sich selbst.«

Sofort begann sie, ihr Herz auszuschütten. Sie sagte mir alles über ihre Krankheit und darüber, daß sie unfähig zu sein schien, Heilung zu erhalten. »Ich habe dieses Asthma seit vielen Jahren, aber ich kann davon nicht geheilt werden. Viele Male ist mit mir gebetet worden. Außer Ihnen haben noch andere gebetet, aber ich kann einfach keine Heilung bekommen. Manche Nächte habe ich solch einen Erstickungsanfall von diesem Asthma, daß ich meine, ich könnte überhaupt keinen Atemzug mehr tun. Am nächsten Tag kann ich dann nicht aus dem Bett herauskommen. Zu anderen Zeiten ist am Tagesanfang bei mir alles in Ordnung, doch gegen Mittag fängt es dann erneut an, und ich kann einfach nichts tun. Ich arbeite in einem Büro und oftmals kann ich nicht einmal meine Tagesarbeit zu Ende bringen, weil ich so schwer atme und keuche. Ich habe gebetet, gefastet, ich habe mein Herz geprüft. *Warum* kann ich nicht geheilt werden?«

Ich schaute diese Frau an. Alles an ihr ließ Aufrichtigkeit erkennen. Sie suchte offenbar sehr ernsthaft die Heilung vom Herrn.

»Mrs. Allison«, begann ich, »ich möchte Ihnen helfen. Ich glaube auch, daß Jesus Sie heilen möchte, aber da ist etwas, das Sie überwinden müssen, bevor Sie geheilt werden können, etwas, das genau so ernst ist wie dieses Asthma.«

Ihr verwirrter Gesichtsausdruck schien mir zu sagen: »Ich verstehe nicht, worüber Sie sprechen. Ich habe *alles* versucht.«

Ich wartete auch nicht mehr, bis sie diese Frage in Worte faßte. Ich sprach sie direkt auf ihr Problem an. »Wenn ich etwas ausspreche, wovon ich meine, daß es sehr wichtig ist, kann ich dann ganz ehrlich mit Ihnen sein und es geradeheraus sagen? Sie wissen, wie sehr ich Ihnen helfen möchte. Wollen Sie das von mir annehmen? Sie wissen ja, daß ich allein des Herrn Knecht bin.«

Ohne einen Augenblick zu zögern, antwortete sie: »O ja, ich bin zu Ihnen um der Wahrheit willen gekommen, und ich möchte, daß Sie mir die Wahrheit *sagen*. Helfen Sie mir, wie Sie nur können. Wenn der Herr Ihnen etwas über mein Leben zeigt, was nicht in Ordnung ist, sollen Sie es mir sagen. Sie werden meine Gefühle nicht verletzen. Bitte sagen Sie es!«

Ruhig und langsam erklärte ich ihr: »Es ist wahr, daß Sie schweres Asthma haben, aber was ich gemeint habe — etwas, das genauso ernst, wenn nicht ernster ist — ist Ihre negative Haltung. Sie haben eine so schlimme ›Ich-kann-nicht‹-Krankheit, wie ich sie nie erlebt habe. Ich habe Ihnen zugehört und nicht weniger als ein dutzendmal haben Sie gesagt: ›Ich kann nicht. Ich kann nicht geheilt werden. Ich kann nicht atmen. Ich kann morgens nicht aus dem Bett heraus. Ich kann den Tag nicht durchhalten. Ich kann nicht im Büro bleiben.‹ Ihr Leben scheint aus ›Ich kann dies nicht‹ und ›Ich kann das nicht‹ zu bestehen. Doch nirgendwo in der Bibel beschreibt Gott Sie als einen ›Nichtkönner‹. Aber irgendwo haben Sie diese ›Ich-kann-nicht‹-Krankheit angenommen. Bevor Sie irgendeine Besserung in Ihrem Leben erwarten können, irgendeine Heilung, müssen Sie dieses ›Ich kann nicht‹ in ein ›Ich kann‹ ändern. Bevor Sie das nicht tun, kann Gott nicht eingreifen und helfen, wie er möchte.«

Die ganze Zeit, während ich mit ihr sprach, weinte

sie. So bewegt ich über ihre Schwierigkeit und ihre gefühlsmäßige Verfassung war, wußte ich, daß ich fortfahren mußte, wenn ich ihr helfen sollte, die Tür zu Gott und seiner Gnade und seiner Kraft zu öffnen.

Sie nahm meine Erklärungen an und fragte, immer noch unter Tränen: »Aber was kann ich dagegen tun? Wie kann ich meine Haltung ändern?«

Ich öffnete meine Bibel bei Phil. 4, 13, gab sie ihr und bat sie, das Wort vorzulesen. Sanft, doch mit einer Bestimmtheit, die ich zuvor in ihrer Stimme nicht wahrgenommen hatte, las sie: »Ich vermag alles durch den, der mich mächtig macht, Christus.«

»Nun, *das* ist das Geheimnis«, sagte ich ihr. »Anstatt zu sagen: ›Ich kann keine Heilung empfangen‹ bekennen Sie: ›Durch Christus, der mich mächtig macht, *kann* ich alles tun; ich *kann* Heilung bekommen; ich *kann* vollkommen heil gemacht werden durch Christus, der meine Stärke und mein Arzt ist; durch seine Wunden bin ich geheilt.«

Es gab keine sofortige Genesung. Mrs. Allison hatte ihr »Ich kann nicht« so lange praktiziert, daß sie echte Disziplin aufbringen mußte, ihre unkontrollierten Lippen zu üben, Gottes Wort zu sprechen. Viele Monate später jedoch sah ich sie wieder. Diesmal war sie freudig und strahlend. Voller Eifer gab sie mir ihr Zeugnis der völligen Heilung ihres schmerzvollen, schrecklichen Asthmas, das ihr Leben so lange geplagt hatte.

Jetzt will ich uns noch einmal vergegenwärtigen, was Mrs. Allison sagte, bevor sie es lernte, ihre Heilung anzunehmen: »Ich habe dieses Asthma seit vielen Jahren, aber ich *kann davon nicht geheilt werden.* Viele Male ist mit mir gebetet worden. Außer Ihnen haben noch andere gebetet, aber *ich kann einfach keine Heilung erhalten.«*

Was Mrs. Allison sagte, bekam sie auch. Als sie sagte »Ich kann einfach nicht geheilt werden«, da konnte sie auch nicht geheilt werden. Als sie sagte: »Ich kann völlig heil gemacht werden durch Christus, der meine Stärke und mein Arzt ist, und durch seine Wunden bin ich geheilt«, da wurde sie geheilt. Selbstverständlich war es nicht eine sofortige Heilung. Sogar Menschen, die es jahrelang praktiziert haben, ihren Glauben aufzubauen, bekommen nicht immer *sofortige* Genesung. Doch die Hauptsache ist: *sie wurde geheilt.* Mrs. Allison besaß nicht nur ihre Heilung in dem Sinn, daß sie Gottes geschriebenes Wort hatte: »Durch seine Wunden sind wir geheilt« (Jes. 53, 5), sondern sie nahm auch von ihrer Heilung Besitz. Dann brauchte sie nicht länger an Heilung zu *glauben,* weil sie ihre Heilung fühlen konnte bei jedem Atemzug, den sie tat.

Was du sagst, bekommst du auch.

Mit Gott übereinstimmen

»Können auch zwei miteinander wandern, sie seien denn einig untereinander?« (Amos 3, 3).

»Henoch wandelte mit Gott« (1. Mose 5, 24).

1. Viele Menschen haben das Verlangen, mit Gott zu wandeln. Doch wie können wir

wahrhaft mit Gott wandeln, wenn wir nicht mit ihm übereinstimmen? Mit Gott übereinstimmen heißt, dasselbe zu sagen, was Gott in seinem Wort über Rettung, Heilung, Gebetserhörung und alles sonstige sagt. Wir müssen wissen, daß Gott nicht lügen kann, und daß deshalb alles, was er uns sagt, wahr sein muß. So sollten wir mit ihm leicht übereinstimmen können. Die Bibel nennt das: Glauben haben.

Durch Glauben ward Henoch weggenommen, daß er den Tod nicht sähe, und ward nicht mehr gefunden, darum daß ihn Gott wegnahm; denn vor seiner Wegnahme hat er das Zeugnis gehabt, daß er Gott gefallen habe. Aber ohne Glauben ist's unmöglich, Gott zu gefallen; denn wer zu Gott kommen will, der muß glauben, daß er sei und denen, die ihn suchen, ein Vergelter sein werde. (Hebr. 11, 5. 6)

2. Wir müssen mit Gott übereinstimmen, daß wir seine vom Himmel geborenen Kinder, neue Kreaturen in Christus, mehr als Überwinder durch Christus sind. Mit dem Teufel dürfen wir nicht übereinstimmen, der uns zu sagen versucht, wir seien »nicht gut«, »Versager«, »Schwächlinge«, »schlechte Christen«. Um mit Gott zu wandeln, müssen wir mit *Gott übereinstimmen und mit dem Teufel nicht übereinstimmen.*

3. Wir müssen mit Gott übereinstimmen, daß wir haben, was er sagt: seinen Namen, seine Natur, seine Kraft, seine Autorität, seine Liebe. Durch sein Wort haben wir diese Dinge schon — doch wir müssen noch von ihnen Besitz nehmen durch unsere gesprochenen Worte. Wir besitzen, was wir bekennen. Wie Josua und Kaleb sind wir die rechtmäßigen Eigentümer von dem, was Gott uns schon in seinem Wort gegeben hat — aber wir müssen durch Glauben von unserem »verheißenen Land« noch Besitz nehmen.

4. Henoch wandelte mit Gott — und so auch wir, wenn wir damit übereinstimmen, daß Gott *uns die Fähigkeit gegeben hat zu tun,* was er sagt: bezeugen mit Kraft, Dämonen austreiben, Hände auf die Kranken legen und ihnen Genesung bringen. Wir »vermögen alles durch Christus«.

5. Wenn wir nur sprechen, was unsere Sinne uns diktieren, oder was der Arzt (der Buchhalter, der Wissenschaftler oder sonstwer) uns sagt, dann werden wir nicht mit Gott übereinstimmen. Indem wir »nur das Wort« sprechen, stimmen wir mit Gott überein. Es ist »ein gutes Bekenntnis« des Glaubens, der unser Sieg ist.

6. Um mit Gott zu wandeln, dürfen wir mit dem Teufel nicht übereinstimmen. Jesus

tat das, indem er kühn erklärte: »Es steht geschrieben«, als er in der Wüste versucht
wurde (siehe Matth. 4 und Luk. 4). Auch wir
müssen dem Teufel durch das Wort widerstehen.

7. Jeden Tag müssen wir mit Gott wandeln, indem wir mit ihm und seinem Wort
übereinstimmen. Weil »er gesagt hat ... können auch wir getrost sagen« (Hebr. 13, 5. 6).

Kapitel V

Ist Schweigen Gold?

Man sagt, daß Schweigen Gold sei, und es ist sicher wahr, daß es sehr teuer werden kann. Ich weiß von mehr als einem Fall, in dem Schweigen einen Menschen das gekostet hat, was er am meisten von Gott wollte.

Eines Morgens betete ich für eine kranke Frau. Wir beide waren sehr froh über das Ereignis: sie fühlte sich völlig wohl. Nicht lange darauf rief sie mich an, ich sollte sie nochmal besuchen.

»Ich bin so durcheinander. Meine Symptome sind wieder da, ebenso stark wie sonst. Ich kann nicht verstehen, was los ist«, gestand sie mir.

»Als Ihr Mann gestern abend heimkam, haben Sie ihm da gesagt, daß Sie geheilt wurden?« fragte ich. Ich konnte ihr Zaudern und Schwanken gleich spüren, ihre Unentschiedenheit.

»Nein«, verteidigte sie sich, »verstehen Sie, ich war noch nicht *sicher*. Ich wollte nichts sagen, ehe ich nicht ein positiveres Gefühl hatte.«

»Aber Sie hatten keine Schmerzen«, antwortete ich. »Hatten Sie denn noch Beschwerden?«

»O nein, das war alles fort«, stimmte sie zu. »Aber, verstehen Sie, ich muß vorsichtig sein. Mein Mann ist ein Skeptiker und ich wollte ihm nichts sagen, bevor ich mir sicher war.«

Diese Frau verlor ihren Kampf, weil sie das Wort Gottes anzweifelte. Hätte sie es gewagt, ihren Platz auf dem Wort zu behaupten, und an ihrem Bekenntnis festgehalten, daß sie geheilt war, dann hätte sie positive Ergebnisse geerntet. Gott verheißt in Jer. 1, 12: »Ich will wachen über meinem Wort, daß ich's tue.«

Seitdem ich die Bedeutung meines Sprechens verstanden habe — seitdem ich gelernt habe, was ich sagen soll und was nicht —, ist mein Leben gesegnet worden über alles, was ich mir hätte träumen können zu bitten. Unglücklicherweise hat in unserer Gesellschaft das Wort »Bekenntnis« eher eine negative als eine positive Bedeutung bekommen. Heute assoziieren wir Bekenntnis gewöhnlich mit Schuld. Menschen, die Verbrechen begangen haben, »bekennen« sie. Und manche Denominationen betonen negative Bekenntnisse: Bekennen der Sünden, der Fehler, der Unzulänglichkeiten, der Schwächen und des Versagens.

Sogar nach den meisten Wörterbuch-Definitionen beinhaltet Bekenntnis die Vorstellung von Schuld. Aber eine Definition, die auch Christen verwenden können, die ebenfalls im weltlichen Wörterbuch steht, ist »das Eingeständnis eines Glaubens«. Für die Nachfolger Jesu bedeutet dies die Anerkennung seiner Rettermacht. Das schließt Jesu Versprechen ein, *uns* vor Gott zu bekennen, wenn wir die Prüfungen dieser Welt überwinden. Offb. 3, 5 sagt uns: »Wer überwindet, der soll mit weißen Kleidern angetan werden, und ich werde seinen Namen nicht austilgen aus dem Buch des Lebens, und ich will seinen Namen bekennen vor meinem Vater und vor seinen Engeln.« In diesen Worten ist kein Schwanken, keine Unentschiedenheit. Jesus sagte: »Ich werde seinen Namen vor seinen Engeln bekennen.« Wenn Jesus unseren Namen vor dem Vater bekennt, werden wir die Erlaubnis erhalten, mit ihm im zukünftigen Leben zu herrschen. »Wer überwindet, dem will ich geben, mit mir auf meinem Throne zu sitzen« (Offb. 3, 21). »Wer nun mich bekennt vor den Menschen, den will ich auch bekennen vor meinem himmlischen Vater« (Matth. 10, 32).

Das heißt nun nicht, daß kein Raum ist für die Art von Bekenntnis, die wir mit dem Zugeben unserer Schuld und dem Eingeständnis unserer Sünden vor Gott verbinden. Sowohl in 1. Joh. 1, 9 wie auch in Jak. 5, 16 findet man Richtlinien, gerade das zu tun, um mit Gott in Ordnung zu kommen und um mit ihm und unseren Geschwistern in der Gemeinschaft zu bleiben.

Das Bekennen unseres Glaubens (als Gegensatz zu dem Bekennen unserer Sünden) ist das Bekennen von Gottes Wort. Gottes Wort hören, es für uns in Anspruch nehmen, zu sagen, daß seine Verheißung für uns gilt, und die Ergebnisse einer solchen Verheißung empfangen, das sind die aufeinander folgenden und direkten Schritte auf dem Pfad zu Gott. Zum Glück für uns wartet Gott jedoch nicht, bis wir alle diese Schritte hinter uns haben, als ob wir für irgendeinen Erlaubnisschein, eine Lizenz oder ein Diplom arbeiten würden. Schon bei unserer ersten Hinwendung zu ihm streckt er wie ein Vater seine Hand aus und zieht uns fest den Weg entlang. Während wir noch im Säuglingsalter des Glaubens sind, drängt er uns zu diesem positiven Bekenntnis, daß er auf jedem Gebiet unseres Lebens den ersten Platz hat. Er wird sich von uns nie zurückziehen. Wenn wir jedoch zögern oder schwanken, läßt er uns wieder selbst entscheiden, und wir werden an Boden in unserem geistlichen Fortschritt verlieren.

Was du bekennst, das besitzt du. Wenn es ein negatives Bekenntnis ist, werden die Ergebnisse auf Gott ausgerichtet sein. Viele Menschen verderben ihr Bekenntnis, indem sie zwischen dem positiven »Ja« und dem zögernden »Nein« schwanken. Jakobus sagte: »Er bitte aber im Glauben und zweifle nicht; denn wer da zweifelt, der ist gleich wie die Meereswoge, die vom Winde getrieben und bewegt wird. Solcher Mensch denke nicht, daß er etwas von dem Herrn empfangen werde« (Jak. 1, 6. 7). Wenn dein Herz ein lautes, positives »Ja« zum Wort gibt, werden positive Ergebnisse in deinem Leben geschehen.

Ich besitze, was ich bekenne

Ich weiß, was ich bekenne, und ich weiß, was ich besitze.

Ich bekenne Jesus als meinen Herrn (Röm. 10, 9. 10); *ich besitze* Rettung.

Ich bekenne: »Durch seine Wunden sind wir geheilt« (Jes. 53, 5); *ich besitze* Heilung.

Ich bekenne, daß der Sohn Gottes mich frei gemacht hat (Joh. 8, 36); *ich besitze* Freiheit.

Ich bekenne: »Die Liebe Gottes ist ausgegossen in unsere Herzen durch den Heiligen Geist« (Röm. 5, 5); *ich besitze* die Fähigkeit, jeden zu lieben.

Ich bekenne: »Der Gerechte ist furchtlos wie ein junger Löwe« (Spr. 28, 1); *ich besitze* Löwenmut im geistlichen Kampf gegen den Teufel.

Ich bekenne: »Er hat gesagt: Ich will dich nicht verlassen noch versäumen« (Hebr. 13, 5); *ich besitze* die Gegenwart Gottes auf jedem Schritt meines Weges.

Ich bekenne, daß ich »der Erlöste des Herrn« bin (Ps. 107, 2); *ich besitze* die Wohltaten der Erlösung jeden Tag.

Ich bekenne, daß die Salbung des Heiligen Geistes in mir bleibt (1. Joh. 2, 27); *ich besitze* durch seine Salbung Kräfte, die das Joch zerstören.

Ich bekenne, daß ich im Namen Jesu Teufel austreiben kann (Mark. 16, 17); *ich besitze* die Vollmacht für dynamische Befreiungen.

Ich bekenne, daß ich meine Hände auf die Kranken legen kann und sie werden genesen (Mark. 16, 18); *ich besitze* Heilungskraft für solche, die durch Krankheit bedrückt werden.

Ich bekenne, daß mein Gott all meine Bedürfnisse stillen wird (Phil. 4, 19); ich werde keinen Mangel leiden, da ich ja von Gott reich versorgt werde.

Bekenne und besitze! Der Weg ist klar gezeigt.

Kapitel VI

Ehrlich währt am längsten

Herodes Antipas regierte über Galiläa von der frühen Jugend Jesu bis zum Jahre 39 n. Chr. Er war ein schlechter Kerl und kam auf natürliche Weise zu seiner Bösartigkeit, da sein Vater, Herodes der Große, jener Herodes war, der alle jüdischen Knaben unter zwei Jahren abschlachten ließ, als er hörte, daß Jesus geboren worden war. Aber Herodes Antipas tat eine Reihe böser Dinge auf eigene Rechnung: er heiratete die Frau seines Bruders; er ließ Johannes den Täufer töten; er tötete Jakobus, den Bruder des Johannes; und er ließ Petrus ins Gefängnis werfen mit der Absicht, ihn zu töten. (Petrus entkam.) Schließlich tat Herodes jedoch etwas so Schlimmes, daß Gott ihn dafür tötete. Was meinst du, war das? Die Bibel sagt:

> Und an einem festgesetzten Tag tat Herodes das königliche Kleid an, setzte sich auf den Thron und hielt eine Rede an sie. Das Volk aber rief ihm zu: Das ist Gottes Stimme und nicht eines Menschen! Alsbald schlug ihn der Engel des Herrn, darum daß er die Ehre nicht Gott gab, und ward gefressen von den Würmern und gab den Geist auf. Und das Wort des Herrn wuchs und mehrte sich. (Apg. 12, 21 – 24)

Wenn du mit Gott vorwärts gehen und lernen willst, wie man »Kranke gesund macht, Tote aufweckt, Aussätzige reinigt, böse Geister austreibt«

(Matth. 10, 8), dann gibt es ein lebenswichtiges Prinzip zu beachten: Du mußt daran denken, Gott die Ehre zu geben. »Alle gute Gabe und alle vollkommene Gabe kommt von oben herab, von dem Vater« (Jak. 1, 17). Wenn du die Gabe der Heilung hast oder wenn du eine Stellung großer Autorität besitzt, dann nur, weil Gott dir diese Gabe gegeben hat oder dich dorthin gestellt hat, wo du bist. Die Bibel lehrt uns: »Es ist keine Obrigkeit ohne von Gott; sie ist von Gott verordnet« (Röm. 13, 1). Alles, was du hast, hast du, weil Gott es dir gab.

Herodes Antipas war nicht der einzige König in der Bibel, der vergaß, woher seine Macht kam: Nebukadnezar war ein weiterer. Im Buch Daniel hat Nebukadnezar seine Geschichte »allen Völkern, Leuten, aus so vielen verschiedenen Sprachen auf der ganzen Erde« als ein Zeugnis berichtet. Nebukadnezar erzählt uns, daß er »auf dem Dach des königlichen Palastes in Babel sich erging«.

Da hob er an und sprach: Das ist das große Babel, das ich erbaut habe zur Königsstadt durch meine große Macht zu Ehren meiner Herrlichkeit. Ehe noch der König diese Worte ausgeredet hatte, kam eine Stimme vom Himmel: Dir, König Nebukadnezar, wird gesagt: Dein Königreich ist dir genommen, man wird dich aus der Gemeinschaft der Menschen verstoßen, und du sollst bei den Tieren des Feldes bleiben; Gras wird man dich fressen lassen wie die Rinder, und sieben Zeiten sollen hingehen, bis du erkennst, daß der Höchste Gewalt hat über die Königreiche der Menschen und sie gibt, wem er will. Im gleichen Augenblick wurde das Wort erfüllt an Nebukadnezar; und er wurde verstoßen aus der Gemeinschaft der Menschen, und er fraß Gras wie die Rinder, und sein Leib lag unter dem Tau des Himmels und wurde naß, bis sein Haar wuchs so groß wie Adlerfedern und seine Nägel wie Vogelklauen wurden.

Nach dieser Zeit hob ich, Nebukadnezar, meine Augen auf zum Himmel, und mein Verstand kam mir wieder, und ich lobte den Höchsten. Ich pries und ehrte den, der ewig lebt, dessen Gewalt ewig ist und dessen Ruhm für und für währt... Zur selben Zeit kehrte mein Verstand zu mir zurück, und meine Herrlichkeit und mein Glanz kamen wieder an mich zur Ehre meines Königreichs... und ich wurde wieder über mein Königreich eingesetzt und gewann noch größere Herrlichkeit. Darum lobe, ehre und preise ich, Nebukadnezar, den König des Himmels; denn all sein Tun ist Wahrheit, und seine Wege sind recht, und wer stolz ist, den kann er demütigen. (Dan. 4, 26 – 34)

Siehst du, wie eifersüchtig Gott auf seinen Ruhm bedacht ist? Und beginnst du zu begreifen, wie gefährlich es ist, ihm den Ruhm zu nehmen — Ruhm für etwas, was er getan hat — und dir selbst zuzuschreiben, was er für dich getan hat?

Nebukadnezar sagte, *er* habe sein Königreich durch *seine* mächtige Kraft und zur Ehre *seiner* Majestät gebaut. Und während die Worte noch in seinem Mund waren, wurde ihm das Reich fortgenommen. Er war sieben Jahre wahnsinnig, bis er es lernte, Gott die Ehre zu geben.

Herodes' Missetat war ein wenig ernster: er erlaubte dem Volk tatsächlich, ihn anzubeten. Dafür bekam er die Todesstrafe.

Barnabas und Paulus gerieten in solch eine gefährliche Situation zu Lystra, wo Paulus einen Krüppel heilte. Als die Leute sahen, was Paulus getan hatte, sagten sie: »Die Götter sind den Menschen gleich geworden und zu uns herniedergekommen« (Apg. 14, 11), und sie bereiteten für Paulus und Barnabas ein Opfer. Als Paulus und Barnabas davon hörten, zerrissen sie ihre Kleider als Zeichen innerer Not und liefen unter das Volk mit den Worten: »Ihr Männer, was macht ihr da? Wir sind auch sterbliche Menschen gleichwie ihr und predigen euch das Evangelium, daß ihr euch bekehren sollt von diesen falschen Göttern zu dem lebendigen Gott... Und da sie das sagten, beruhigten sie kaum das Volk, daß sie ihnen nicht opferten« (Apg. 14, 15. 18).

Paulus und Barnabas hatten nicht vor, sich vom Volk den Ruhm geben zu lassen, der Gott allein gehörte. Wie sie der Menge sagten, waren sie niemand Besonderes — sie waren »auch sterbliche Menschen« wie die Götzenanbeter in Lystra. Sie hatten die Kraft von Gott, aber es war Gottes Kraft, nicht die ihre. Es ist wichtig zu verstehen, daß du das, *was du sagst, auch bekommst,* nicht weil deine Worte selbst Kraft haben, sondern weil deine eigenen Worte es Gottes Kraft möglich machen, in deinem Auftrag zu wirken.

Wenn deine Worte eigene Kraft hätten — und es geschähe etwas, weil du es sagtest — wäre das »Wille über Materie«. Ich glaube nicht an »Wille über Materie«. Die Bibel sagt, daß die Jünger »hinausgingen und an allen Orten predigten. Und der Herr wirkte mit ihnen und bekräftigte das Wort durch die mitfolgenden Zeichen« (Mark. 16, 20). Jesus sagte: »Was ihr mich bitten werdet in meinem Namen, das will ich tun« (Joh. 14, 14). Wer tut das Werk? Jesus tut das Werk! Du bittest, und Jesus gibt. Du predigst, und Jesus bekräftigt das Wort. Du sprichst — und Jesus tut es. Da Gott ja alle Arbeit tut, ist es wichtig, ihm alle Ehre dafür zu geben. Wenn du das nicht tust, hat er Möglichkeiten, dir zu zeigen — wie er es Nebukadnezar zeigte —, daß er die Leitung hat. Christen müssen absolut ehrlich sein. Sie dürfen den Ruhm, der Gott gehört, nicht für sich beanspruchen.

Wenn ich die Botschaft *Was du sagst, bekommst du auch* predige, dann gibt es dabei zwei grundlegende Mißverständnisse, die immer wiederkehren. Das eine ist das, womit ich mich eben befaßt habe — manche Leute meinen, ich predige »Wille über Materie« anstatt »Gott über allem«. Das andere Mißverständnis ist fast genauso schlimm: Meine Predigt darüber, daß du geheilt bist, wenn Gottes Wort sagt, du seiest geheilt, nehmen manche Menschen für einen Freibrief, überhaupt alles zu sagen, solange es nur positiv ist — *sogar wenn es nicht wahr ist!*

Wenn du die Treppe hinunterfällst, und dein Knöchel ist schwarz und blau und äußerst schmerzend und geschwollen, was sollst du dann darüber sagen? Du *kannst* sagen: »Ich glaube, ich bin geheilt«, weil Gottes Wort sagt: »Durch seine Wunden sind wir geheilt« (Jes. 53, 5). Gott kann nicht lügen. Wenn er sagt, du bist geheilt, dann bist du geheilt. Du kannst glauben, was Gott sagt. Du kannst sagen, was Gott sagt. Aber du *kannst nicht* sagen, dein Knöchel sei nicht geschwollen, blau und schwarz und schmerzend. Der Heilige Geist ist der Geist der Wahrheit. Jesus sagte: »Es kommt die Zeit und ist schon jetzt, daß die wahrhaftigen Anbeter werden den Vater anbeten im Geist und in der Wahrheit; denn der Vater will haben, die ihn also anbeten« (Joh. 4, 23).

In einer Geschichte von Walt Disney mit dem Titel *Bambi* sagt eine Rehmutter zu ihrem Kitz: »Wenn du nichts Gutes sagen kannst, dann sage überhaupt nichts.« Das ist keine Bibelstelle, aber es liegt viel Wahrheit darin. Wenn du nicht etwas Wahres sagen kannst, dann mußt du wenigstens nicht lügen. Wenn du nichts Positives sagen kannst, dann kannst du wenigstens deinen Mund halten. Bevor du es lernst, ein positives Bekenntnis abzugeben, *brauchst* du nichts sagen. »Ein Tor schüttet all seinen Unmut aus, aber ein Weiser beschwichtigt ihn zuletzt« (Spr. 29, 11).

Nun, was *solltest* du während der Wartezeit zwischen dem, was du sagst, und dem, was du bekommst, tun? Wenn dein Knöchel schmerzt, kannst du sagen: »Ich bin geheilt, weil Gottes Wort sagt, daß ich geheilt bin«. Oder du kannst sagen: »Mein Knöchel tut weh, aber ich glaube, ich bin geheilt, weil Gottes Wort sagt, daß ich geheilt bin, und Gottes Wort kann nicht lügen.« Oder du kannst sagen: »Ich schaue nicht darauf, wie mein Knöchel sich anfühlt, sondern ich sehe darauf, was Gottes Wort darüber sagt, und Gottes Wort sagt: er ist geheilt.« Offensichtlich kannst du nicht sagen, daß dein Knöchel nicht schmerzt, wenn er weh tut. Weil du also nicht sagen kannst, daß er nicht weh tut, brauchst du überhaupt nichts darüber sagen (nur, daß Gottes Wort sagt, er ist geheilt), außer wenn jemand darauf besteht, zu hören, wie es ihm geht. Gott möchte nicht, daß wir in irgendeiner Sache lügen, ganz gleich, was unsere

Motive sind. »Des Herrn Wort ist wahrhaftig, und was er zusagt, das hält er gewiß« (Ps. 33, 4).

Sagen, was Gott sagt

Für manche Menschen ist es ein Problem, zu bekennen, daß sie etwas im Glauben haben, ehe sie es sehen oder fühlen können. Sie fürchten sich, Lügen auszusprechen. Weil aber Gott nicht lügen kann, können wir auch nicht lügen, wenn wir *sagen, was Gott sagt.*

1. Wir sind, was Gott über uns sagt

Wir sind neue Kreaturen; »Ist jemand in Christus, so ist er eine neue Kreatur; das Alte ist vergangen; siehe, es ist alles neu geworden« (2. Kor. 5, 17).

Wir sind »errettet... von der Macht der Finsternis« (Kol. 1, 13).

Wir »überwinden weit durch den, der uns geliebt hat« (Röm. 8, 37).

Wir sind »Gottes Erben und Miterben Christi« (Röm. 8, 17).

Wir sind »gesegnet... mit allerlei geistlichem Segen... durch Christus« (Eph. 1, 3).

2. Wir haben, was Gottes Wort sagt

Wir haben Leben: »Wer den Sohn hat, der hat das Leben; wer den Sohn Gottes nicht hat, der hat das Leben nicht« (1. Joh. 5, 12).

Wir haben Licht: »Wer mir nachfolgt, der wird nicht wandeln in der Finsternis, sondern wird das Licht des Lebens haben« (Joh. 8, 12).

Wir haben Freiheit: »Wo der Geist des Herrn ist, da ist Freiheit« (2. Kor. 3, 17).

Wir haben Liebe: »Die Liebe Gottes ist ausgegossen in unser Herz« (Röm. 5, 5).

Wir haben Freude: »Eure Freude soll niemand von euch nehmen« (Joh. 16, 22).

Wir haben Vergebung: »Das Blut Jesu Christi, seines Sohnes, macht uns rein von aller Sünde« (1. Joh. 1, 7).

Wir haben Frieden: »Wir haben Frieden mit Gott durch unsern Herrn Jesus Christus« (Röm. 5, 1).

Wir haben ein Ziel: »Christus ist mein Leben« (Phil. 1, 21).

Wir haben Kraft: »Ihr werdet die Kraft des heiligen Geistes empfangen, welcher auf euch kommen wird« (Apg. 1, 8).

Wir haben Versorgung: »Mein Gott wird all euren Mangel ausfüllen« (Phil. 4, 19).

Wir haben Aussichten: »In meines Vaters Hause sind viele Wohnungen... Ich gehe hin, euch die Stätte zu bereiten« (Joh. 14, 2).

3. Wir können tun, was Gott sagt

Wir können »alles durch Christus« tun (Phil. 4, 13). Wir können Dämonen austreiben und Heilung den Kranken bringen (Mark. 16, 17. 18). Wir können der Welt bezeugen, was wir in Christus haben!

Bejahe diese Worte: »Ich bin, was Gott über mich sagt. Ich habe, was Gottes Wort sagt. Ich kann tun, was Gott sagt.«

Kapitel VII

Wie man sein Geld vervielfacht

Am Ende eines Radiogottesdienstes, den ich vor kurzem durchführte, kam in Vancouver, Kanada, eine junge Frau, um mit mir zu sprechen. Sie war von Saskatchewan nach Vancouver gekommen, wo sie geboren und aufgewachsen war.

»Mein ganzes Leben lang habe ich Armut gekannt«, gab sie an. »Meine Familie und all die Menschen, die ich kannte und mit denen ich aufwuchs, waren arm. Hier in Vancouver scheint es jetzt genauso zu sein. Meine Freunde und Bekannten sind arm. Sie haben kaum einen Extradollar für etwas. Es gibt so viel, was ich sehr gern für den Herrn tun möchte, aber alles, was ich habe, reicht gerade dafür, das Notwendige für meinen Sohn und mich zu kaufen. Ich bin durch Armut gebunden, aber ich glaube einfach, daß Gott irgendwie eine Antwort für mich hat.«

»Ich bin froh, Sie auf diese Weise reden zu hören«, antwortete ich. »Ich bin auch überzeugt, daß Gott die Antwort auf Armut hat. Ich erinnere mich, wie sehr arm meine eigene Familie während der Wirtschaftskrise war. Als mich meine Mutter neulich besuchte, erinnerte sie mich daran: wir waren so arm, daß wir es uns nicht leisten konnten, eine neue Uhr zu kaufen, als unsere alte nicht mehr zu reparieren war. Zu Hause gab es nie genug Milch für eine zweite Schüssel Kornflakes zum Frühstück. Wenn du eine zweite Schüssel haben wolltest, mußtest du entweder Milch aufheben von der ersten oder deine Kornflakes trocken essen. Ich *weiß* aus erster Hand, was es heißt, arm zu sein und seine Rechnungen nicht bezahlen zu können. Auch ich hasse Armut und bin überzeugt, Gottes Antwort darauf gefunden zu haben.«

Der Glaube in der Stimme dieser jungen Frau regte mich an. Ich bin überzeugt, sie ist auf dem Weg, die Armut zu überwinden. Während ich über ihre Aussagen mir gegenüber nachdachte und mir mein eigenes Heim voller Armut ins Gedächtnis rief, wünschte ich mir einfach, jeden Christen zu erreichen, um ihm zu helfen, Gottes Plan für Wohlstand zu verstehen.

Gott hat ein göttliches Gesetz von Geben und Empfangen. Wenn du von Gott finanzielle Hilfe bekommen willst, mußt du begreifen, daß das Maß, mit dem du gibst, bestimmt, was du von Gott empfangen wirst. Je mehr du gibst, desto mehr bekommst du: Gott achtet immer darauf, daß du mehr bekommst als du gibst. Jesus sagte: »Gebet, so wird euch gegeben. Ein voll, gedrückt, gerüttelt und überfließend Maß wird man in euren Schoß geben; denn eben mit dem Maß, mit dem ihr messet, wird man euch wieder messen« (Luk. 6, 38).

Wenn deine Gebete nicht beantwortet werden, solltest du Inventur machen, wie es sich mit deinem Geben verhält — besonders, wenn gerade deine Gebete bezüglich der Finanzen unerhört zu bleiben scheinen. Gottes Wort sagt, daß es so viel heißt wie Gott berauben, wenn man seine Zehnten und Opfer zurückhält:

Ist's recht, daß ein Mensch Gott betrügt, wie ihr mich betrügt! Ihr aber sprecht:»Womit betrügen wir dich?« Mit dem Zehnten und der Opfergabe! Darum seid ihr auch verflucht; denn ihr betrügt mich allesamt. Bringt aber die Zehnten in voller Höhe in mein Vorratshaus, auf daß in meinem Hause Speise sei, und prüft mich hiermit, spricht der Herr Zebaoth, ob ich euch dann nicht des Himmels Fenster auftun werde und Segen herabschütten die Fülle. Und ich will um euretwillen den ›Fresser‹ bedrohen.« (Mal. 3, 8 – 11)

Wenn du Gott der Zehnten und Opfer beraubst, bist auf die Dauer du der Verlierer. Gott sagt mit Nachdruck: »Ihr seid verflucht, denn ihr betrügt mich um den Zehnten und die Opfergaben.«

Zehnten geben (ein Zehntel von deinem Bruttoeinkommen Gott geben) ist ein schwerer Glaubensschritt für viele neue Christen, aber es ist ein Schritt, mit dem Gott uns befiehlt, ihn zu prüfen. Außer dem Zehnten, sagt Maleachi, schulden wir Gott auch Opfergaben. Ein Opfer ist alles, was du Gott *über* den Zehnten deines Bruttoeinkommens hinaus gibst.

Deine Zehnten und Opfer zu bezahlen mag dir zuerst als hart erscheinen, bis du erkennst, warum Gott dich darum bittet. Er bittet dich, ihm zu geben, damit er dir geben kann. Gott hat sich darin festgelegt, den Menschen so zu geben, wie sie ihm geben. Wenn sie großzügig geben, wird auch er großzügig geben; wenn sie ihm gegenüber geizig sind, ist er es auch mit ihnen. Doch Gott wird »gedrückt, gerüttelt und überfließend« zurückgeben, was man ihm gibt. Er wird »des Himmels Fenster auftun und Segen herabschütten die Fülle«. Zudem verspricht Gott, den »Fresser« um unseretwillen zu bedrohen.

Möchtest du nicht gern Gottes Schutz vor unerwarteten und unnötigen finanziellen Schwierigkeiten haben? Du bekommst ihn, — *wenn* du ihm bezahlst, was du ihm schuldig bist. Andernfalls wirst du sein wie das Volk, das die Zehnten zurückgehalten hatte, zu dem Gott im Propheten Haggai sprach:

> Ihr säet viel und bringt wenig ein; ihr eßt und werdet doch nicht satt; ihr trinkt und bleibt doch durstig; ihr kleidet euch und könnt euch doch nicht erwärmen; und wer Geld verdient, der legt's in einen löchrigen Beutel. (Haggai 1, 6)

Wenn du Gott der Zehnten und Opfer beraubt hast, dann gehe nicht weiter mit der sicheren Mißbilligung Gottes über deinem Leben. Zahle deine Zehnten voll, gib deine Opfer im Namen des Herrn und wisse, daß Gott für dich das tut, was er verspricht. Er wird für dich die Fenster des Himmels öffnen, überfließenden Segen ausschütten und den Fresser um deinetwillen bedrohen! Dies ist eine Stelle in der Schrift, wo Gott uns wirklich einlädt, ihn zu prüfen.

Zehntenzahlen und Opfergeben sind die einzigen Wege in der Schrift, bei denen Gott verspricht, dir die Fenster des Himmels zu öffnen. Manche von euch sind trocken, unfruchtbar und leer in ihrem geistlichen Leben, weil sie mit Gott geizig gewesen sind. Ihr bezahlt für euren Ungehorsam mit geistlicher Abmagerung!

Mancher wird fragen: »Meinst du, daß ich Gottes Segnungen erkaufen muß, indem ich Zehnten zahle und Opfer gebe?« Absolut nicht. Mit Geld kann man von Gott nichts erkaufen. Aber wenn du Zehnten und Opfer gibst, *arbeitest du mit deinem Schöpfer zusammen.* Gott hat in seinem Wort gesagt, daß er solchen gegenüber freigiebig sein wird, die ihm gegenüber freigiebig sind, und geizig zu denen, die geizig sind. *Er kann sein Wort nicht brechen!*

Die Bibel sagt, daß es zur Armut führt, wenn man Gott etwas vorenthält. Gott möchte große Segnungen für dich hervorbringen, geistlich, physisch und finanziell. Tausende bezeugen diese Tatsache. Echtes Geben ist ein Glaubensschritt. Nicht geben ist Unglaube. Das gibt dem Teufel Raum. Ich ermahne dich: Widerstehe dem Teufel, und er wird fliehen. Sage ihm, daß er ein Lügner ist. Glaube dem Wort Gottes und sei gesegnet. Neige dein Ohr den teuflischen Zweifeln und du wirst den finanziellen Segen verlieren, den Gott dir geben will.

Ich fordere dich heraus, etwas Großes im Bereich des Gebens zu tun. Gott stellt dir eine große Herausforderung. Er sagt: »Prüft mich hiermit, spricht der Herr Zebaoth, ob ich euch dann nicht des Himmels Fenster auftun werde und Segen herabschütten die Fülle. Und ich will um euretwillen den ›Fresser‹ bedrohen.« Er sagt einfach: »Prüfe mich.«

Ich kenne eine Frau, die Armut erfuhr. Sie hatte erst genug Geld, um ihre Heizungsrechnung zu bezahlen, als sie Gottes Herausforderung annahm, ihn mit ihrem Geld »zu prüfen«. Weißt du, was Gott für sie tat? Er machte, daß fünfmal so viel Geld aus unerwarteten Quellen zu ihr kam, darum, weil sie es wagte, Gott beim Wort zu nehmen.

Wenn du Armut erfährst, kannst du zu Wohlstand kommen. Wenn du von Armut heimgesucht wirst, kannst du nichts Besseres tun, als kühn Gott zu geben! Die Sache mit dem Geben ist einfach die, ob du der Bibel glaubst oder nicht. Menschen, die der Bibel darin glauben, erhalten große Segnungen von Gott. Ich bin sehr bedacht, daß du das Beste von Gott bekommst. Suche die mächtigen Verheißungen der Bibel über das Geben heraus. Dann handle nach Gottes Wort.

Denke daran, daß Gott kein Mensch ist, daß er lüge. Und Gott hat verheißen, daß er »Segen herabschütten« will (geistlich und finanziell), wenn du ihn mit deinen Zehnten und Opfern prüfen wirst. Man nennt das ein »Prüfe-Gott«-Opfer.

Ich erinnere mich daran, als ich mein erstes »Prüfe-Gott«-Opfer gab. Meine Frau und ich waren auf der Fahrt von Chillicothe, Missouri, wo wir gerade einen evangelistischen Feldzug beendet hatten, und machten in Carthago, Missouri, halt, um die Versammlungen zu besuchen, die von dem Evangelisten Jack Coe durchgeführt wurden.

Die Bezahlung für den 1947er Ford, den wir fuhren, hatte fast unser ganzes Geld verschlungen.

Eines Abends veranstaltete Bruder Coe ein »Prüfe-Gott«-Opfer. Er begründete das Opfer mit Mal. 3, 8–11, der oben erwähnten Schriftstelle.

Immer wieder betonte Bruder Coe die Tatsache, daß dies das Wort Gottes war, nicht das Wort eines Menschen. Es sei Gottes Herausforderung. Gott warne sein Volk, damit es aufhöre, ihn durch das Zurückhalten der Zehnten und Opfer zu berauben.

Als Bruder Coe diese Worte las, schien es plötzlich, als spräche nicht er, sondern Gott spräche durch seine Lippen.

Ich hatte es nötig, Gott zu prüfen. Ich hatte es nötig, daß Gott die Fenster des Himmels über meinem

Leben öffnete. Ich sehnte mich nach Segnungen, die ich nicht würde fassen können.

Und ich hatte es verzweifelt nötig, daß Gott den Fresser (Satan) um meinetwillen bedrohte.

Ich schaute nach, ob ich etwas geben könnte. In meiner Brieftasche hatte ich einen Dollar. In meiner Tasche war noch ein Fünfcentstück. Ich wußte, daß meine Frau nichts hatte. Auf der Bank war nichts. Auch war nicht sonstwo irgendwelches Geld versteckt. So war es. Mein Gesamtvermögen war ein Dollar und fünf Cents.

Um den Schritt echter und persönlicher zu machen, lud Bruder Coe jeden einzelnen ein, sein »Prüfe-Gott«-Opfer nach vorn zu bringen und es direkt auf die Bibel zu legen, die er bei Mal. 3 aufgeschlagen liegengelassen hatte.

Ich wußte, daß Gott mich herausforderte, etwas zu tun, das völlig unvernünftig schien. Meine Frau erwartete unser erstes Kind. Ich dachte: Was ist, wenn sie etwas Besonderes brauchen sollte? Oder wenn ich unvorhergesehene Ausgaben für das Auto haben würde?

Ich versuchte, mir ein »Aus« vorzustellen für den Fall, daß es nicht hinhauen würde, doch ich wußte, das war fleischlich gedacht. Ich wußte, wenn ich solchen Gedanken weiter Raum geben würde, dann würde ich den Heiligen Geist dämpfen und betrüben. Ich glaube, daß viele Menschen das Beste von Gott im Bereich des geistgeleiteten Gebens nicht bekommen, weil sie auf fleischliche Überlegungen zurückgreifen und dadurch den Geist dämpfen, ihm widerstehen und ihn betrüben.

Ich konnte Bruder Coes Worte noch einmal hören: »Prüfe mich, spricht der Herr, und ich will die Fenster des Himmels für dich öffnen. Ich will auf dich einen überfließenden Segen ausgießen. Ich will Satans Werk, die Armut, aus deinem Leben vertreiben. Und du wirst voller Entzücken sein, spricht der Herr.«

Ich war erst einundzwanzig Jahre alt. Dies war eine neue Erfahrung für mich. Jedoch war mir ganz klar, daß ich Gottes Wort hörte. Ich hatte seinem Wort als der einzigen Grundlage meiner Errettung vertraut. Ich hatte ewiges Leben auf der Grundlage des Wortes beansprucht. Ich hatte mein ganzes Leben auf sein Wort gesetzt, indem ich seinen heiligen Ruf annahm, das Evangelium zu predigen.

Warum konnte ich seinem Wort beim Geben nicht vertrauen?

Ich schaute meine liebe Frau an, die neben mir saß. Ich schaute wieder in meine Brieftasche auf die einsame Dollarnote.

Was sollte ich tun? Mein Zögern gab dem Teufel eine Gelegenheit, mit einigen seiner feinen Zweifel einzuziehen. Listig flüsterte er mir zu: »Das ist verrückt. Du kannst es dir nicht leisten, diesen Dollar zu geben. Denk an deine Frau. Denk an dein Auto. Ein Notfall könnte eintreten. Höre nicht auf diesen Prediger. Andere haben mehr Geld als du. Laß *die* geben. Halte diesen deinen letzten Dollar fest.«

Unterdessen wußte ich, daß das die Stimme des Betrügers war, des Teufels. Ich hatte schon gelernt, daß eines seiner hinterlistigen Mittel ist, Leuten den Gedanken einzuflößen, daß »andere es tun werden«.

Außerdem wußte ich, daß Gott *wollte, daß ich gab*. Der Christ hat es nötig zu geben. Geben ist eine der wundervollsten geistlichen Erfahrungen, die man im Christenleben entdecken kann.

Denke an die Worte des Herrn Jesus, wie er sagte: »Geben ist seliger als nehmen« (Apg. 20, 35).

Ja, es liegt ein ungeheurer Segen im Geben. Wer diese Tatsache entdeckt hat, weiß, wie wichtig es ist, der Stimme des Geistes zu gehorchen, wenn es ans Geben geht.

Plötzlich erhob ich mich von meinem Platz und marschierte nach vorne, um meinen letzten Dollar auf die Bibel zu legen, mein »Prüfe-Gott«-Opfer.

Als ich den Dollar losließ und ihn auf Gottes Wort niederlegte, war ich aufgeregt! Ich wußte, ich hatte Gott gehorcht. Ich arbeitete mit meinem Schöpfer zusammen für etwas Großes und Wunderbares. Gott und ich waren in eine Partnerschaft eingetreten.

Ich ging zu meinem Platz zurück mit federnden Schritten. Ich fühlte mich sogar erleichtert, weil ich diesen letzten Dollar gegeben hatte! Ich fuhr nach dem Gottesdienst zum Haus von Freunden, die uns eingeladen hatten, bei ihnen zu bleiben. Den ganzen Weg dorthin sang ich Lobpreis-Chorusse.

Ich hatte gedacht, daß mein Schlaf vielleicht durch Geldsorgen unruhig sein würde. Aber nein! Ich hatte gegeben. Ich hatte die Angelegenheit in Gottes liebende Hände gelegt. Mein Leben, meine Finanzen und meine Verantwortlichkeiten waren ohnehin wirklich alle sein. So schlief ich im Frieden.

Als ich früh am nächsten Morgen erwachte, war der Geist Gottes in meinem Herzen am Wirken. Gott hatte die Fenster des Himmels für meine Seele geöffnet, und ich sog seinen geistlichen Segen ein. Auch wenn ich nie irgendwelche finanzielle Segnungen von diesem Opfer empfangen hätte, wären die geist-lichen Segnungen all dessen wert gewesen.

»Du tust mir kund den Weg zum Leben; vor dir ist Freude die Fülle und Wonne zu deiner Rechten ewiglich« (Ps. 16, 11). Mit Geld kann man Glück nicht kaufen, Freude noch viel weniger. Gottes Segnungen sind unbezahlbar.

Später an diesem Morgen ging ich zum Postamt, um nach meiner Post zu fragen. Unterwegs traf ich einen christlichen Geschäftsmann, den ich kannte.

Nachdem er mich dort auf dem Bürgersteig begrüßt hatte, schaute er mich ernst an und fragte: »Don, wie kommst du zurecht?«

»Oh, ganz prima, danke«, antwortete ich.

»Sag mir: wie kommst du finanziell zurecht?« fragte er.

»Oh, der Herr ist gut zu uns«, sagte ich ihm.

Der Herr *war* gut zu uns. Wir messen seine Güte nicht daran, wieviel Geld wir haben. Nein! Die Segnungen des Herrn machen reich und bringen keine Sorgen!

Dann sagte mein Freund: »Weißt du, ich habe gerade den Eindruck, ich sollte etwas tun, um dir in deinem Dienst für den Herrn auszuhelfen.«

Mit dieser Feststellung faßte er in seine Tasche, um seinen Geldbeutel herauszuholen. Nichts dergleichen war mir je passiert, und ich fühlte mich irgendwie verlegen. Ich sah zum Himmel hinauf, um den Anschein zu vermeiden, als sei ich gespannt oder neugierig, was er aus seiner Brieftasche nahm.

Als der Mann sich drehte, um mich wieder anzuschauen, ergriff er meine Hand und drückte eine Banknote hinein. Ich hielt den Schein in meiner Hand fest geschlossen, denn dies war ein Teil des Wunders, das Gott mir am Abend zuvor versprochen hatte, als ich »Gott prüfte« durch mein Geben.

Ich dankte ihm für das Geschenk und wir verabschiedeten uns.

Er ging in die eine Richtung, ich in die andere. Ich spähte immer wieder über meine Schulter, um zu sehen, ob er schon weit genug von mir weg war, daß er nicht sehen würde, wenn ich meine Hand öffnete, um zu entdecken, was darin war.

(Meiner Frau sagte ich später, ich hätte gewußt, daß es mehr als ein Dollar war. Ich »fühlte« einfach, daß es mehr war! Außerdem *erwartete* ich, daß es mehr war als ein Dollar, denn den hatte ich ja gegeben. Und Gott verhieß, mir einen Segen zu geben, zu groß, um ihn zu fassen.)

Als der Freund endlich weit genug weg war, öffnete ich meine Hand. Es waren 10 Dollar! Es war die größte 10-Dollar-Note, die ich je gesehen habe! Nicht in der Größe, die war normal. Doch weil sie vom Himmel gesandt war, sah sie für mich aus wie 100 Dollar!

Ich vergaß tatsächlich meinen Gang zur Post! Ich rannte beinahe zu meiner Frau zurück, um ihr die Tatsache mitzuteilen, daß Gott den Betrag schon zehnmal ersetzt hatte, den ich am vergangenen Abend gegeben hatte!

Am selben Nachmittag sollte ich bei einem Treffen von Predigern sprechen. Es war ganz selbstverständlich, daß es für meine Predigt dort keine finanzielle Entschädigung geben würde, da es ein Treffen von Predigern war.

Aber direkt vor meiner Rede stand der Leiter jener Predigergemeinschaft, Bruder Gilchrist, auf und sprach mit großer Bewegung zu den Brüdern.

»Brüder, wie ihr wißt, ist es nicht unsere Gewohnheit, für einen unserer Sprecher ein Opfer aufzunehmen. Wir tun das einfach nie. Aber als ich heute hier auf diesem Podium saß, hat der Herr zu meinem Herzen gesprochen. Der Herr hat gesagt, wir sollten ein Opfer aufnehmen für Bruder Don Gossett, der an diesem Nachmittag zu uns sprechen wird. Ich möchte, daß jeder dem Herrn gehorsam ist und wir werden dieses besondere Opfer für Bruder Gossett aufnehmen.«

Ich freute mich innerlich und dachte: »Halleluja, Gott kann lange geltende Regeln und Handlungsweisen ändern, wenn es sein muß, um den Bedürfnissen seiner Diener zu begegnen.«

Diese lieben Brüder gaben mir 25 Dollar. Ich wußte, das war Gottes Art, auf meinen Glaubensschritt in der vorigen Nacht zu antworten, als ich es wagte, mit meinem letzten Dollar »Gott zu prüfen«.

Das war nicht das Ende. Seit damals hat Gott immer, so wie ich weiterhin gegeben habe, uns weiterhin körperlich und finanziell in wundervoller Weise gesegnet.

Es brauchte einige Jahre, bis wir lernten, ihm völlig zu vertrauen, aber wie froh bin ich, daß ich an jenem Tag einen Anfang gemacht habe! Ich war damals auch froh. Die Erkenntnis, daß ich Schätze im Himmel angelegt hatte, die Gewißheit, daß ich dem Herrn gehorcht hatte — das allein war schon Belohnung genug. Doch dann tat Gott wirklich das, von dem er gesagt hatte, er würde es tun. Er öffnete die Fenster des Himmels. Er goß über mir einen überfließenden Segen aus. Er bedrohte den Fresser um meinetwillen. Und er machte mich froh.

Was zu erwarten ist, wenn du gibst

Laß das folgende eine persönliche Bestätigung von Gottes Wort sein. Gott wird tun, was er sagt.

1. Ich habe Gott geprüft mit Zehnten und Opfergaben gemäß Mal. 3 und weiß nun, daß Gott die Fenster des Himmels über mir öffnen und einen überfließenden Segen ausgießen wird, daß es nicht genug Raum geben wird, ihn zu empfangen. Ich preise ihn, daß er die Himmelsfenster für meine Seele öffnet und für seinen überfließenden Segen, der reich macht und keine Sorgen bringt.

2. Ferner weiß ich, daß Gott als Antwort auf meinen liebenden Gehorsam beim Geben versprochen hat, den Fresser um meinetwillen zu bedrohen. Der Teufel ist der Fresser, der mein Geld frißt, die Harmonie meines Heimes, meinen Seelenfrieden. Ich preise den Herrn, daß er den Fresser um meinetwillen bedroht.

3. Ich weiß, daß Gott all meinen Mangel ausfüllt nach seinem Reichtum in der Herrlichkeit durch Christus Jesus. Ich werde an diesem Bekenntnis ohne Wanken festhalten. Jak. 1, 7 erklärt, daß Menschen, die zweifeln,

nichts vom Herrn empfangen werden. Doch ich will nicht schwanken in meinen Erwartungen, daß Gott die Fenster des Himmels öffnen und seine Segnungen ausgießen wird, daß es nicht genug Raum geben wird, sie zu fassen, und daß er den Fresser um meinetwillen bedroht. Es ist geschehen, Halleluja!

4. Ich habe reichlich gesät, dann werde ich, wie Gott erklärt, reichlich ernten. Reicher finanzieller Segen ist für mich, weil Gott es so sagt, und Gott ist nicht ein Mensch, daß er lüge.

5. Ich habe weder widerwillig noch unter Zwang gegeben. Ich habe fröhlich gegeben, denn »einen fröhlichen Geber hat Gott lieb« (2. Kor. 9, 7). Ich weiß, wenn ich Gott etwas vorenthalten sollte, würde das zu Armut führen (Spr. 11, 24). Aber ich praktiziere Freigiebigkeit bei meinem Geben und dadurch hilft er in allen meinen Bedürfnissen.

6. Ich entdecke die Realität der Worte Jesu, daß Geben seliger ist als nehmen (Apg. 20, 35). Ein fröhlicher Geber zu sein (2. Kor. 9, 7) ist die Quelle großen Segens, größer noch als zu empfangen. Aber während ich gebe, sieht der Herr darauf, daß mir gegeben wird, ein voll, gedrückt, gerüttelt und überfließend Maß wird man in meinen Schoß geben (siehe Luk. 6, 38).

7. Gottes Wort ist sein großer »Plan gegen die Armut«, um mich im Überfluß von Geld und materiellem Besitz zu halten, um den Bedürfnissen meiner Familie zu begegnen und hauptsächlich, um den weltweiten Fortschritt seines Evangeliums zu fördern.

Kapitel VIII

Mehr über Geld

»Die *Liebe* zum Geld ist eine Wurzel allen Übels« (1. Tim. 6, 10). Nicht das Geld ist böse, sondern die *Liebe* zum Geld, die uns in Schwierigkeiten bringen kann. Jesus sagte: »Wie schwer ist's für die, so ihr Vertrauen auf Reichtum setzen, ins Reich Gottes zu kommen« (Mark. 10, 24). Wenn wir Geld mehr lieben als Gott, wenn wir dem Geld mehr vertrauen als Gott, sind wir in Schwierigkeiten. Wir verpassen die Chance, Gott in unserem Leben finanziell segnen zu lassen, und als nächstes verpassen wir vielleicht die Chance, in den Himmel zu kommen.

Jesus sagte: »Wer mir will nachfolgen, der verleugne sich selbst und nehme sein Kreuz auf sich und folge mir nach. Denn wer sein Leben erhalten will, der wird's verlieren; und wer sein Leben verliert um meinetwillen und um des Evangeliums willen, der wird's erhalten. Denn was hülfe es dem Menschen, wenn er die ganze Welt gewönne und nähme an seiner Seele Schaden?« (Mark. 8, 34–36). Eine Menschenseele, so sagte Jesus, ist wertvoller als die ganze Welt — und um sie zu retten, muß der Mensch zu dem Punkt kommen, wo er willig ist, alles aufzugeben, um Gott zu folgen. Jesus drückte diese Handlung in der Art einer Bilanz aus: Gewinn *gegen* Verlust.

Der Gewinn, den man aus dem Tun des göttlichen Willens ziehen kann, ist mehr als nur geistlich, obwohl die geistlichen Gewinne, die man aufgrund des Gehorsams Gott gegenüber machen kann, von höchster Wichtigkeit sind. Doch die Bibel sagt uns, daß es auch eine Dollar-und-Cent-Segnung gibt, die man verwirklichen kann, wenn man Gott folgt. Weißt du, daß Gott Zinsen zahlt? Denen von uns, die wie Petrus alles verlassen haben, um ihm zu folgen, zahlt er *zehntausend Prozent* Zinsen. Jesus sagte: »Es ist niemand, der Haus oder Brüder oder Schwestern oder Mutter oder Vater oder Kinder oder Äcker verläßt um meinetwillen und um des Evangeliums willen, der nicht hundertfältig empfange jetzt in dieser Zeit Häuser und Brüder und Schwestern und Mütter und Kinder und Äcker mitten unter Verfolgungen, und in der zukünftigen Welt das ewige Leben« (Mark. 10, 29. 30).

Gott kennt unsere Motive. Wenn wir geben, um zu bekommen, wird er zwar »ein gedrückt, gerüttelt und überfließend Maß« zurückgeben, aber wenn wir um seinetwillen geben, ist der Zinsfuß noch höher: er ist »hundertfältig«!

Einer der Gründe, weshalb Gott möchte, daß wir geben — besonders unsere Zehnten und Opfer — ist der, daß wir die richtige Perspektive zum Geld haben. Er will, daß Geld in unserem Leben seinen passenden Platz einnimmt.

Falsch gehandhabt, *kann das Geld uns beherrschen.* Wir können so gebunden werden durch die Sorge, wie wir dazu kommen, und die Furcht, es zu verlieren, daß es uns davon abhalten kann, die Dinge zu tun, die Gott von uns möchte, und die Menschen zu sein, die Gott haben möchte. »Niemand kann zwei Herren dienen«, sagte Jesus, »entweder er wird den einen hassen und den andern lieben, oder er wird dem einen anhangen und den andern verachten. Ihr könnt nicht Gott dienen und dem Mammon ... Darum sollt ihr nicht sorgen und sagen: Was werden wir essen? Was werden wir trinken? Womit werden wir uns kleiden? ... Denn euer himmlischer Vater weiß, daß ihr des alles bedürfet. Trachtet am ersten nach dem Reich Gottes und nach seiner Gerechtigkeit, so wird euch solches alles zufallen« (Matth. 6, 24. 31–33).

In der obigen Schriftstelle aus der Bergpredigt sagte Jesus der Menge, daß sie nicht zugleich dem Geld und Gott dienen könnten, aber wenn sie Gott an die erste Stelle setzen würden, er allen ihren Nöten begegnen würde. *Wenn Gott deinen Nöten nicht begegnet ist, dann hast du ihn vielleicht nicht an die erste Stelle gesetzt.*

Die Bibel erwähnt drei besondere Arten, Gott nicht an die erste Stelle zu setzen, die Hindernisse für finanzielles Wohlergehen darstellen. Wenn diese Fehler ungeprüft bleiben, können sie die Prinzipien, die ich in Kapitel 7 erklärt habe, zunichte machen. Doch glaube mir: richtig angewendet, und ohne daß eines der Hindernisse vorliegt, werden solche Prinzipien dein Geld vervielfachen.

Das erste dieser Hindernisse zum Wohlstand ist das folgende: »Habt acht auf eure Frömmigkeit, daß ihr die nicht übt vor den Leuten, auf daß ihr von ihnen gesehen werdet; ihr habt sonst keinen Lohn bei eurem Vater im Himmel ... Laß nicht vor dir posaunen, wie die Heuchler tun ... auf daß sie von den Leuten gepriesen werden. Wahrlich, ich sage euch: Sie haben ihren Lohn dahin. Wenn du aber Almosen gibst, so laß deine linke Hand nicht wissen, was die rechte tut, auf daß dein Almosen verborgen sei; und dein Vater, der in das Verborgene sieht, wird dir's vergelten« (Matth. 6, 1 – 4).

Wenn wir beten, wenn wir fasten und wenn wir geben, müssen unsere Motive rein sein, sagt uns die Bibel. Wenn wir tun, was wir tun, nur um von anderen gesehen zu werden, so ist das unser einziger Lohn. Aber wenn wir tun, was wir tun, im Gehorsam zu Gott, dann wird Gott uns belohnen. Wenn du Zehnten und Opfer gegeben hast und nicht gesegnet worden bist, dann kann das der Grund dafür sein.

Ein weiterer Grund, warum Gott zuweilen Menschen nicht segnet, liegt darin, daß sie in Sünde sind: Trägheit, Trunkenheit, Fresserei oder Unehrlichkeit. »Denn die Säufer und Schlemmer verarmen, und ein Schläfer muß zerrissene Kleider tragen« (Spr. 23, 21). »Noch ein wenig schlafen und ein wenig schlummern und ein wenig die Hände zusammentun, daß du ruhest, so wird deine Armut kommen wie ein Räuber und dein Mangel wie ein gewappneter Mann« (Spr. 24, 33. 34). »Das gestohlene Brot schmeckt dem Manne gut; aber am Ende hat er den Mund voller Kieselsteine ... Das Erbe, nach dem man zuerst sehr eilt, wird zuletzt nicht gesegnet sein« (Spr. 20, 17. 21).

Bestimmte Sünden bringen nach der Bibel die Strafe der Armut mit sich. Genauso wie Gott uns mehr gibt, als wir ihm durch Zehnten und Opfer geben, nimmt Gott mehr von uns, als wir durch unsere Sünde profitiert haben. Menschen, die Böses tun, sagt die Bibel, »säen Wind und werden Sturm ernten« (Hos. 8, 7).

Die verbreitetste Ursache jedoch, warum Menschen manchmal keinen Erfolg haben, wenn sie ihre Zehnten und Opfer geben, ist dieselbe Ursache, warum sie auch von Gottes anderen Segnungen nichts bekommen: sie haben nicht geglaubt, daß Gott tun wird, was er sagt. Hier wird es wichtig, *was du sagst.* Es *geschieht* etwas in unserem Geist, wenn wir sagen, Gott wird tun, was er verheißen hat. Sage es laut: »Mein Gott wird all meinen Mangel ausfüllen; er sagte, ich solle ihn prüfen, und das habe ich getan; ich erwarte, vielmals mehr zurückzuerhalten, als ich gegeben habe.« Wenn du weiterhin von Armut *sprichst,* wirst du Armut *bekommen.* Wenn du von Reichtum sprichst, — und du deinen Teil gemäß Gottes Prinzipien getan hast — dann wirst du Wohlstand bekommen.

Warum segnet Gottes Wort einige Menschen und andere nicht? Die Bibel sagt von Menschen, die Gottes Wort hören, es aber nicht glauben: »Das Wort der Predigt half jenen nichts, da die nicht glaubten, die es hörten« (Hebr. 4, 2).

Vor einem meiner evangelistischen Feldzüge auf den Westindischen Inseln sagte ich zu meiner Frau, als der Abreisetag sich näherte: »Liebling, der Termin für unseren Evangeliumsfeldzug ist weniger als einen Monat entfernt, und wir haben noch nicht einen Dollar für diese Reise. Jesus sagte, wir sollten uns hinsetzen und die Kosten überschlagen, bevor wir ein Haus zu bauen versuchen. Vielleicht sollten wir jetzt lieber nicht gehen, weil es nur noch eine kurze Zeit ist, um für alle unsere Ausgaben Geld aufzubringen.«

Meine Frau jedoch hat immer einen unbesiegbaren Glauben besessen und das Vertrauen, daß Gott unglaubliche Dinge tun wird, wenn wir eine positive Glaubenshaltung haben. Sie beantwortete mein negatives Denken mit: »Nun, Don, du weißt, daß Gott dieses Missionsfeld auf unsere Herzen gelegt hat. Es gibt keine Möglichkeit, diese Reise ausfallen zu lassen, denn wir haben uns ja nicht selber für diese Aufgabe berufen. Der Herr war es, und er wird für alles sorgen!«

Ich begann, Phil. 4, 19 zu bestätigen: »Mein Gott aber wird ausfüllen all euren Mangel nach seinem Reichtum in der Herrlichkeit in Christus Jesus.« Von der Zeit an, wenn ich mein Auto von Ort zu Ort fuhr, und mehrere Male jeden Tag machte ich mit diesen Worten kühn die Feststellung und wiederholte sie: »Mein Gott wird all meinen Mangel ausfüllen!« Wie solche Worte meinen Geist freisetzten! Sie stärkten meinen Glauben und veränderten meine Haltung. Die Wiederholung dieser Schriftstelle mir gegenüber, der Glaube und das Sprechen zu Gott bewirkten das Wunder, das ich benötigte.

Bei zwei vorhergehenden Missionsreisen auf die Westindischen Inseln hatten wir unsere Reise abkürzen müssen, weil wir nicht genug Geld hatten, um weiterzumachen. Doch auf dieser Reise führten wir die ganze Planung durch, weil Gott jeden Mangel ausfüllte. Was war diesmal anders? Ich glaube ganz fest, es war die Tatsache, daß wir uns zäh an Gottes Wort klammerten und Gott, der unsere Worte hörte, fühlte sich richtig verpflichtet, es zu erfüllen.

Meine Frau ist eine beständige Quelle der Inspiration für mich, wenn es darum geht, daß Gott unsere Bedürfnisse stillt. Damals im Jahr 1961, zur selben Zeit, als ich einen anderen Feldzug durchführte, lebten meine Frau und meine Kinder zusammen in Victoria, Kanada. Obwohl der Herr den Feldzug in wunderbarer Weise segnete, war das Liebesopfer gering und reichte nicht aus, meinen Dienst aufrechtzuerhalten. Das bewirkte kritische finanzielle Probleme für uns alle. Wir benötigten dringend mehr Geld, um Rechnungen zu bezahlen und die Ausgaben für den Lebensunterhalt weiterhin bestreiten zu können.

An einem Wochenende ging ich nach Victoria, um meine Familie kurz zu besuchen, bevor ich zum Feldzug zurückkehrte. Weil ich zu wenig Geld hatte, um meine Frau zu Hause ausreichend zu versorgen, begann sich eine Enttäuschung bei mir breitzumachen. Wir verbrachten die Nacht damit, von Angesicht zu Angesicht mit Gott zu reden.

Schließlich betete Joyce: »Lieber Gott, der du all unseren Mangel ausfüllst, du weißt, daß wir hier ein großes Problem haben. Wir haben sehr wenig Geld. In der Tat sehe ich nicht, wie wir es *diese Woche* schaffen sollen. Vielleicht möchtest du nicht, daß Don mit diesem Feldzug weitermacht. Wenn du das nicht willst, verstehen wir es. Wir sind sicher, daß du einen guten Grund haben würdest. Wenn du unseren finanziellen Mangel nicht ausfüllst, werden wir diesen Dienst an jemand anders abgeben. Wir wollen, was immer du willst.«

Joyce hatte, wie einst Mose, direkt aus ihrem Herzen zum Herrn gesprochen. Und ich bin völlig überzeugt, daß, wie sich binnen kurzem herausstellte, unser himmlischer Vater Gefallen daran hatte, daß sein Kind so freimütig und ohne Scheu zu ihm sprach. Ihre Worte und Gottes Verheißung brachten die Änderung.

Dieses Gebet wendete die Ebbe von uns, geistlich und finanziell. Nie mehr waren wir so arm, weder an Glauben noch an Finanzen.

Während ich eines Tages auf dem Flughafen von Tortola stand, fing ich ein Gespräch mit einem Mann an, der, wie sich herausstellte, ein Kaufmann war. Zuerst sprachen wir nur Belangloses wie zwei Fremde: warum *ich* da sei, warum *er* da sei. Im weiteren Gespräch stellten wir fest, daß wir viel Gemeinsames hatten: beide waren wir Christen. Schließlich sagte er, er habe eine Geschichte, die er mir erzählen wolle, die nach normalen Maßstäben völlig unerklärlich war.

»Ich glaube nicht besonders an Träume«, bemerkte er, »aber vor wenigen Jahren geschah etwas, das für mich bis heute ein Geheimnis geblieben ist.«

»Mehrere Jahre«, fuhr er fort, »war ich für eine Großhandelsgesellschaft bei St. Louis, Missouri, auf Reisen. Auf einer meiner Fahrten kam ich zu einem ganz besonderen, alten Freund namens Bruder Benton. Die ganze Stadt nannte ihn so. Er hatte fast immer einen Auftrag für mich. Doch ob er einen hatte oder nicht, ich hatte immer ein besseres Gefühl, wenn ich ihn besuchte. Er war immer heiter und sprach freundlich. Ich konnte meine Kunden nur zweimal im Jahr besuchen, und ich freute mich immer auf die Tage, wo ich ihn sehen würde.

Bei einem Besuch schloß ich einen viel größeren Auftrag mit ihm ab, als er mir zuvor je gegeben hatte, aber ich zögerte nicht, ihm zu empfehlen, den Auftrag auszufüllen. Ich wußte, daß er allgemein beliebt und in der Stadt als aufrechter Christ angesehen war. Er hatte keine alkoholischen Getränke oder Tabak in irgendeiner Form in seinem Laden. Er hatte mir immer gesagt, daß die Bibel beides verdamme, und er damit nichts zu tun haben wolle. Und wenn Tabak- und Alkoholkonzerne ihm ihre Waren mit vielen Worten und durch das Angebot großzügiger Rabatte schmackhaft machen wollten, konnte ihn nichts dazu bringen, von dieser Regel abzuweichen.

Etwa sechs Monate, nachdem er mir diesen großen Auftrag gegeben hatte, ließ mir mein Hauptbüro die Nachricht zukommen, daß er seine Rechnung nicht bezahlt hatte und ich ihn so bald wie möglich besuchen und sie einkassieren solle. Ich fuhr eilig durch mein Verkaufsgebiet und ging persönlich, um die Sache zu untersuchen. Als ich zu seinem Laden kam, war er nicht dort. Ein anderer Mann war an seiner Stelle. Ich erfuhr, daß er kurz nach der Auftragserteilung damals krank geworden war, und daß er und seine Familie zu verschiedenen Zeiten krank gewesen waren. Seine Krankheit hatte mehrere Monate gedauert, und er mußte noch immer im Haus bleiben. Ich besuchte ihn nicht, aber er ließ mir die Nachricht zukommen, daß die Angelegenheit schließlich zu einem guten Ende kommen werde.

Er hatte größere Verluste erlitten, als er sich vorgestellt hatte; nochmals gingen sechs Monate vorbei und die Rechnung war noch immer unbezahlt. Ich schrieb an mein Hauptbüro und teilte ihnen die Lage der Dinge mit. Zu der Zeit hielten sie mit allen Maßnahmen gegen ihn zurück. Weitere sechs Monate vergingen. Mir wurde gesagt, ich müsse sofort hingehen und entweder das Geld einkassieren oder einen Prozeß gegen ihn einleiten. Es blieb mir keine andere Wahl, ich kann sagen, ich ging sehr widerwillig.

In der Nacht, bevor ich in seiner Stadt ankam, konnte ich nicht schlafen. Ich verbrachte mehrere anstrengende Stunden, indem ich mich auf meinem Bett hin- und herwarf und versuchte, mir eine Möglichkeit auszudenken, wie ich meinem alten Freund helfen konnte. Ich wußte, daß er ein guter Mann war, der nicht durch eigene Schuld nun in der Klemme saß.

Währenddessen muß ich eingeschlafen sein. Ich träumte, daß ich einen Besuch bei meinem alten Freund machte und wir mit seiner ganzen Familie in seinem Wohnzimmer saßen. Er wandte sich zu mir und sagte: ›Wir sind gerade dabei, unsere Morgenandacht zu verrichten; wir würden uns freuen, wenn du mitmachst.‹

Ich antwortete: ›Mit Vergnügen.‹

Dann sagte er: ›Wir wollen den 23. Psalm lesen.‹

Er begann zu lesen, doch als ich die Worte hörte, war ich erstaunt! Ich hatte diesen Psalm vor langer Zeit in der Sonntagsschule gelernt, und ich werde ihn nie vergessen: Der Herr ist mein Hirte.

Mein Herz freute sich, als ich die Worte hörte, die er las, obwohl ich sie auf diese Weise vorher nie gehört hatte! Er las: ›Der Herr ist mein Bankier; ich werde nicht Konkurs gehen. Er läßt mich auf Goldminen liegen und gibt mir Zugang zu seinen Kassen. Er gibt mir neuen Kredit und zeigt mir, wie ich Prozesse vermeiden kann um seines Namens willen. Und ob ich schon wanderte im Schatten von Schulden, fürchte ich kein Unglück; denn du bist bei mir, dein Silber und Gold bringen mir Rettung. Du bereitest vor mir einen Tisch im Angesicht der Steuereinnehmer. Du füllst meine Tonnen mit Öl; mein Maß läuft über. Gutes und Barmherzigkeit werden mir folgen mein Leben lang, und ich werde Geschäfte treiben im Namen des Herrn.‹ Nachdem er die Schriftstelle gelesen hatte, kniete er nieder und betete. Ich hatte in meinem Leben noch kein solches Gebet gehört. Es nahm mir beinahe den Atem, als er seinen himmlischen Vater bat, mich, seinen Freund, zu segnen.

Mit seinem ›Amen!‹ erwachte ich auf einen Schlag!

Vorher schon hatte ich geplant, meinen Freund früh am Morgen zu besuchen. Ich stand auf, zog mich an und erreichte sein Heim, gerade als die Sonne aufging.

Er nahm mich an der Tür mit einem Lächeln und einem herzlichen Handschlag in Empfang. Er sagte: ›Komm rein, komm gleich rein. Wir wollen gerade mit unserem Morgengebet anfangen und freuen uns, wenn du daran teilnimmst. Er stellte mich seiner Frau und seinen Kindern vor. Er nahm seine Bibel und sagte: Wir wollen den 23. Psalm lesen. Er las ihn mit klarer, lauter Stimme, doch genau so, wie er in der Bibel steht. Ich kann dir meine Gefühle und Gedanken nicht beschreiben. Wir knieten zum Gebet nieder, und er gab Gott demütig seine Wünsche bekannt; doch sein Gebet klang nicht so wie das, welches ich in meinem Traum gehört hatte, obwohl er dieselben Gedanken auszudrücken schien. Er sagte dem Herrn, daß er Schulden habe und sie schon lange anständen. Er bat, daß sich ein Weg auftun möge, daß er sie heute noch bezahlen könne. Dann betete er für mich. Während ich dort auf den Knien war, entschloß ich mich, daß ich für dieses eine Mal in meinem Leben den Anordnungen ungehorsam sein wollte!

Nach dem Beten gingen wir beide direkt zu seinem Laden. Gerade als wir den Laden betraten, trafen wir auf einen jungen Mann, der sagte: ›Bruder Benton, Vater schickt mich herüber, um dir zu sagen, daß er das Haus und den Bauplatz nehmen werde, an dessen Kauf er interessiert war. Ich soll dir dieses Geld geben und dir sagen, daß er den Rest bezahlen werde, wenn du das Geschäft perfekt machst.‹

Der alte Mann nahm das Geld. Tränen begannen seine Backen hinunterzurollen, als er sich abwandte. Er schrieb dem jungen Mann eine Quittung und händigte sie ihm aus. Dann wandte er sich seinem Hauptbuch zu und fing an zu rechnen. Schließlich sagte er zu mir: ›Würdest du freundlicherweise diese Rechnung quittieren?‹ Ich sah, daß er die Zinsen für alle Monate zugefügt hatte, während denen er nicht hatte bezahlen können. Als ich ihm erklärte, ich hätte die Anweisung, ihm die Zinsen zu erlassen, lehnte er das Angebot ab. Er sagte, daß er alle seine rechtmäßigen Schulden bezahlen wollte. Er sei dankbar, daß die Gesellschaft ihm eine Sonderzeit eingeräumt habe. Ich nahm das Geld und schickte es an mein Büro in St. Louis.

Zur selben Zeit, als ich mich an jenem Morgen in meinem Bett gewälzt hatte, war mein alter Freund in seinem Zimmer auf den Knien und hielt Zwiesprache mit seinem Bankier wegen eines Darlehens. Ich war sehr erfreut, als er es bekam, und seit jenem Tag wende ich immer dann, wenn ich entmutigt werde, den 23. Psalm als Heilmittel an.«

Wenn alles gut geht, ist es einfach, den Herrn seinen Hirten zu nennen und zu geloben, ihm alle Tage seines Lebens zu folgen. Jedoch kommt für uns alle die Zeit, in der wir durchs Tal gehen. *Dann* prüft uns Gott. Er will dann noch hören, daß wir sagen »Mein Gott wird all meinen Mangel ausfüllen«, und es auch so meinen. Bruder Bentons Glaube hielt sich ganz fest an Gott, seine Worte bewiesen das. Gott ehrte ihn, indem er seinen Mangel ausfüllte.

Gott gibt Wohlstand und Gesundheit

Diesem »Kraftspruch« wird nicht jeder so leicht glauben. Es wurde als »ungeistlich« angesehen, Wohlstand zu haben. Und selbst die Gabe der Gesundheit von Gott wurde allgemein so dargestellt, als sei sie anscheinend nicht erstrebenswert.

Das Wort »Wohlstand« meint auskömmliche Quellen, um unseren finanziellen Verpflichtungen nachzukommen. Gott verspricht nicht, uns zu Millionären zu machen. Aber er sorgt für all unseren Mangel (Phil. 4, 19) und stellt unser Wohlergehen und unseren Erfolg sicher, wenn wir nach seinem Wort leben (Jos. 1, 8). Freue dich am Worte Gottes, sinne darüber nach und dann wird alles, was du machst, wohl geraten — so sagt Gott (Ps. 1, 1–3).

Jesus sagte: »Trachtet am ersten nach dem Reich Gottes und nach seiner Gerechtigkeit, so wird euch solches alles zufallen« (Matth. 6, 33). Jesus sprach hier über unsere materielle Versorgung (Nahrung, Kleidung, Obdach). Jesus sagte **nicht**, daß all diese Dinge von uns **fortgenommen** würden, wenn wir nach dem Reich Gottes trachten. Nein, er sagte, all das — unsere materielle Versorgung — **wird uns zufallen!**

Die Bibel sagt: »Es ist Gott, der dir Kräfte gibt, Reichtum zu gewinnen« (5. Mose 8, 18). Und es ist Satans Arbeit, unser Leben arm zu machen, uns an der Erfüllung finanzieller Verpflichtungen zu hindern. Satan versucht, uns mit unseren Finanzen in Verlegenheit zu bringen. Stimme mit Gott überein, nicht mit dem Teufel!

Gott sagt: »Mein Lieber, ich wünsche, daß dir's in allen Stücken wohlgehe und du gesund seiest, so wie es deiner Seele wohlgeht« (3. Joh. 2). Das ist Gottes »Lieblingswunsch« für uns, seine Kinder, daß es uns wohlgehe und wir gesund seien, **so wie es unserer Seele wohlgeht!** Wie geht es unserer Seele wohl? (1) Durch ein geistgeleitetes Gebetsleben und ein positives Lobpreisleben; (2) durch das Studium von Gottes Wort und das kühne Bekennen der Schrift; (3) durch das Zeugnis von Christus mit unserem Leben und unseren Lippen anderen gegenüber.

Wenn so viele im Volk Gottes gequält und von Armut bedroht sind und Gottes Werk auf manchen Gebieten zu einem Stillstand gekommen ist aus Mangel an Finanzen, ist es für uns höchste Zeit, diese hier zitierten Schriftstellen zu bestätigen, um den Nutzen der göttlichen Gaben von Wohlstand und Gesundheit zu bekommen.

Sprich es täglich kühn aus: *Gott gibt mir Wohlstand und Gesundheit!*

Kapitel IX

Wie man böse Geister austreibt

»Es war drei Uhr morgens«, sagte Earl Britain. »Ich drehte mich in meinem Bett herum und streckte meine Hand aus, um meine Frau zu berühren. Sie war nicht da!« Mit diesen Worten begann mein Freund seinen Bericht, wie er es lernte, seine Macht gegen den Teufel zu gebrauchen.

»Ich dachte, sie muß aus irgendeinem Grund aufgestanden sein«, fuhr er fort. »Ich machte mir Sorgen um sie — sie hatte sich wochenlang seltsam benommen. Schnell schaute ich in den anderen Schlafräumen und im Badezimmer nach. Dann lief ich in den Keller, um zu sehen, ob sie aus irgendeinem Grunde dort hinuntergegangen sei. Aber sie war nirgendwo im Hause!

Mein Mut sank. Sie war krank gewesen, und in den vergangenen Monaten hatte es so ausgesehen, als litte sie seelisch. Sie hatte sich buchstäblich vom Leben zurückgezogen. Obwohl ich viel gebetet hatte, war es ständig schlechter mit ihr geworden. Nichts, was ich sagte oder tat, schien irgendeine Wirkung auf sie zu haben.

Ich rannte ins Schlafzimmer und zog schnell meine Kleider und Schuhe an. Ich griff nach einem Mantel und ging zur Haustür. Während dieser ganzen Zeit bat ich anhaltend ›Gott, laß sie bitte in Ordnung sein; bitte, laß ihr nichts zustoßen!‹

Als ich die Tür öffnete, um hinauszugehen, stand

sie da, naß, mit wilden Augen, das Haar in Strähnen über ihrem Gesicht. Sie war draußen im Regen gewesen mit nur ihrem Nachthemd und ihren Pantoffeln bekleidet, die nun naß und voller Schlamm waren.

Während ich sie faßte und zu mir zog, versuchte ich, mir meine Angst nicht anmerken zu lassen, und fragte sie: ›Wo bist du gewesen? Ich habe mich so gesorgt!‹

›Ich habe nur einen Spaziergang im Wald gemacht; ich fühlte mich nicht müde und dachte, es könnte mir vielleicht gut tun‹, erklärte sie.

Nie zuvor hatte sie so etwas Gefährliches getan. Weil der Ausdruck in ihren Augen so unnatürlich war und sie den Ernst ihres Tuns überhaupt nicht erkannte, fürchtete ich, sie würde zusammenbrechen; sie schien einem Kollaps nahe.

Ich legte meinen Arm um sie und brachte sie ins Schlafzimmer zurück. Ich blieb bei ihr, bis sie trockene Kleidung angezogen hatte und wieder im Bett lag. Als ich merkte, daß sie eingeschlafen war, stand ich auf. Ich konnte nicht schlafen. Ich konnte nicht einmal still sitzen. Zahllose Fragen jagten durch meinen Kopf: ›Was wird ihr als nächstes passieren? Was wird sie tun? Gibt es keine Antwort?‹

Etwas mußte getan werden, aber *was?* Ich hatte Gott gebeten, ihr zu helfen: ›Heile sie, lieber Gott, bitte heile sie. Tu es, Herr, tu es, in Jesu Namen.‹ Ich hatte immer wieder für ihre Genesung gebetet.

Plötzlich erinnerte ich mich an die Schriftstelle: ›Sehet, ich habe euch Vollmacht gegeben über die Gewalt des Feindes‹ (Luk. 10, 19). Vielleicht sagte mir Gott, daß ich anders an das Problem herangehen sollte. Vielleicht hatte ich meine eigene Macht nicht ausgeschöpft, bevor ich um die seine bat. Ich begann, um Führung zu beten.

Während ich in jenen frühen Morgenstunden umherging und nach einem Wort von Gott suchte, nach einer Waffe, um sie gegen den Teufel einzusetzen, dessen raffinierte Tücke, wie ich mir nun sicher war, an meiner Frau arbeitete, schlugen diese Worte Jesu bei mir ein: ›Der Fürst der Welt hat keine Macht über mich‹ (Joh. 14, 30). Wie ein ertrinkender Mann nach einem Rettungsring greift, der ihm zugeworfen wird, griff ich nach diesen Worten.

Meine Stimmung änderte sich. Diesmal waren meine Worte keine des Bittens. Auch keine des Preisens. Diese Worte sprachen zum Teufel. Immer wieder erklärte ich Satan: ›Du hast keine Macht über sie. Du hast kein Teil an ihr. Sie gehört nicht sich selber. Sie gehört Jesus Christus, der einen Preis für sie bezahlt hat. Du bist ein Eindringling hier.‹

Während ich über den Fußboden schritt, wiederholte ich dies weiterhin laut. Was die Tür für Satan in unserem Heim geöffnet hatte, betraf möglicherweise *mich* und nicht meine Frau! Vielleicht suchte er *meine* Seele! Er kannte meine tiefe Liebe und meine Sorge für sie, und es schien fast, als versuche er, mit mir zu handeln und sie als Preis zu benützen.

Ich wurde dann immer mutiger. ›Du hast auch keinen Teil an *mir*. Wir beide gehören Jesus. Unser Leben und all unser Besitz sind ihm geweiht. Du hast keine Macht weder über noch an uns. Du hast über nichts Macht in diesem Haus. Du hast hier nichts zu suchen.‹

Körperlich, geistig und geistlich kämpfte ich eine Stunde lang und sagte dem Teufel, daß meine Frau und ich bluterkauftes Eigentum Jesu Christi seien.

Ich spürte Satans böse Gegenwart gerade dort im Raum. Ich wußte, ich war von Angesicht zu Angesicht mit ihm. Aber ich erkannte auch, daß ich die Macht von Jesus hatte, dem Feind zu gebieten, daß er weiche. Ich hatte Macht über alle Macht des Feindes, und Jesus hatte mir gesagt: ›Nichts wird euch schaden‹ (Luk. 10, 19).

Schließlich, als Jesu Versicherung des Sieges durch meinen Geist und Leib drang, ging ich zur Tür, öffnete sie, drehte mich zum Teufel um, gerade als sei er leiblich dort. Ich befahl ›Im Namen Jesu, verschwinde!‹

Und er tat es! Sofort spürte ich, wie seine Gegenwart sich aus dem Raum entfernte. Es war eine deutliche Empfindung. Gerade wie ich vorher seine Gegenwart in meinem Geist entdeckt hatte, erkannte ich jetzt ganz gewiß durch den Geist, daß er weg war. Licht schien den Raum zu erfüllen, der kurz zuvor bedrückend finster gewesen war.

Ich ging ins Schlafzimmer, zum Bett meiner Frau. Sie war von meinem lauten Reden wach geworden; doch auf ihrem Gesicht war ein Lächeln, und ein Licht schien in ihren Augen. Ich hatte lange Zeit in ihren Augen kein solches Licht mehr gesehen! Heute ist sie seelisch noch genauso gesund, wie sie es an jenem Morgen sofort wurde, als Jesus Christus uns seinen Sieg über den Teufel demonstrierte.«

Wie mein Freund Earl Britain es erfahren mußte, nehmen die Mächte des Bösen zu, und ungewöhnlich gefährliche Ereignisse geschehen überall auf der Welt. In diesen letzten Tagen müssen wir der Tatsache ins Auge sehen, daß Satan sein stärkstes und gemeinstes Werk jetzt ausführt — aber wir müssen uns auch daran erinnern, daß Gottes Geist stärker ist als der Feind.

Als Christen brauchen wir uns keine Sorgen über Satan zu machen oder uns durch sein Vorgehen frustrieren zu lassen. Stattdessen ist es unser Recht und unsere Pflicht, den Teufel kühn im Namen Jesu anzureden. Jesus versprach: »In meinem Namen werden sie böse Geister austreiben« (Mark. 16, 17). Wir haben die Kraft des Namens Jesu zu unserer Verfügung.

Satan versucht uns manchmal zu dem Denken zu verleiten, daß Sünde erfreulich sei. Unglücklicherweise ist sie nur erfreulich, wenn man mit ihr anfängt — bevor wir erkennen, daß wir ihr Sklave geworden sind. In der Tat stecken Dämonen hinter den ungöttlichen Aktivitäten und den zerstörerischen Elementen, die wir heute in der Welt sehen. Dämonen heizen die Köpfe und Gefühle der Menschen an mit Lust zum Trinken, nach Drogen und Kriminalität; sie bringen Menschen dazu, daß sie die Kontrolle verlieren und schamlose Handlungen der Unmoral begehen; Dämonen brechen ganze Familien auseinander und zerstören Ehen; Dämonen stecken hinter der enormen Zunahme an Sorgen, Bitterkeit, Schmerz, Gewalt und dem Durcheinander, das um uns herrscht.

Selbst Wissenschaftler, Psychiater und Mediziner erkennen, daß eine merkwürdige, übernatürliche Macht in dieser kritischen Stunde entfesselt worden ist. Besonders wir Christen dürfen Satans Mittel nicht übersehen, die er anwendet, um die Sinne der Menschen zu verdrehen und durcheinanderzubringen, um ihr Leben mit Schmutz und Fäulnis zu erfüllen und menschliche Seelen in eine Ewigkeit ohne

Christus hinabzuziehen, wo »Heulen und Zähne-klappen« ist.

Wir müssen unseren Feind als den häßlichen, has-senswerten Geist erkennen, der er ist — die Ursache der Sorge und des Kummers der Welt. Dann können wir kühn gegen den Teufel und seine Dämonen kämpfen mit den Waffen unserer Ritterschaft: dem Wort Gottes, dem Namen Jesu, dem Blut Christi. Der Teufel ist unser Gegner — er ist der Dieb, der kommt, zu stehlen, zu töten und zu zerstören. Die Bibel sagt, daß der Teufel unser Feind ist. Wir müs-sen ihn als solchen behandeln.

Obwohl es nur selten gelehrt wird, bestand ein großer Teil des Dienstes Jesu — etwa ein Viertel — darin, Teufel auszutreiben. Man könnte manchmal meinen, wenn man eine Durchschnittspredigt hört, daß es keine Dämonen mehr gibt, daß sie in den Slums der Großstadt zusammengepfercht worden sind oder daß sie ihre Zeit damit verbringen, die Mitglieder einer anderen Denomination zu verfüh-ren.

Ich kann mir nicht vorstellen, wie eine erfolgreiche Arbeit heute getan werden kann oder wie Gläubige beständig Sieg haben können, wenn sie nicht wissen, daß die Quelle ihrer Gefahr in der dämonischen Macht liegt und daß die Macht, sie zu überwinden, allein im Namen Jesu von Nazareth, des Sohnes Got-tes, zu finden ist.

Je schneller wir erkennen, daß selbst die Luft über uns mit feindlichen Mächten erfüllt ist, die versu-chen, unsere Gemeinschaft mit dem Vater zu zerstö-ren und uns unserer Brauchbarkeit in seinem Dienst zu berauben, desto besser wird es für uns sein. Die

Existenz von Dämonen zu übersehen gibt dem Gegner nur einen größeren Vorteil über uns.

In meinen Reisen als Evangelist habe ich herausgefunden, daß Menschen einen Hunger nach dem Herrn haben; sie wünschen Befreiung; sie sehnen sich nach dem ewigen Leben; aber viele von ihnen sind unfähig, von den Bindungen freizukommen, die sie in der Sünde halten.

Hunderte von Menschen haben ihren ernsten Wunsch angezeigt, gerettet zu werden. Sie sagen: »Ich kann kein Christ werden. Ich möchte es, aber etwas hält mich fest.« Solch einen jungen Mann traf ich in Lodi, Kalifornien. Er wollte die Errettung, aber eine unsichtbare Macht hielt ihn zurück. Ich legte einfach meine Hand auf seine Schulter und sagte: »Im Namen Jesu Christi befehle ich der Macht, die dich festhält, zu zerbrechen. Nun laß uns beten in seinem mächtigen Namen.« Mit Tränen der Freude gehorchte er.

Nachdem dieser Mann gerettet war, war ich erstaunt über die Wirkung. Ein Gefühl der Ehrfurcht überkam mich, daß es mir möglich gewesen war, durch einen einfachen Befehl in Jesu Namen diese wundervolle Macht auszuüben. Seit jener Zeit habe ich viele erstaunliche Ergebnisse bei Erweckungsversammlungen gesehen, indem ich seinen Namen gebrauchte.

»In meinem Namen werdet ihr Dämonen austreiben.« In dem Namen Jesu haben wir die Macht der Dämonen über Versammlungen, Häusern und manchmal ganzen Gemeinden zerbrochen.

Als Christen haben wir nicht mit Fleisch und Blut zu kämpfen, sondern mit Mächtigen und Gewaltigen unter dem Himmel; unser Krieg richtet sich gegen

Dämonen aller Grade, Arten und Autoritäten. Sie greifen die Menschheit überall an, und besonders fordern sie die Kinder Gottes heraus.

Ich habe mit Menschen gebetet, die durch Gewohnheiten geknechtet wurden — Tabak, Alkohol, Lüste — und sah sie im mächtigen Namen Jesu befreit, normalerweise augenblicklich.

Ich habe viele Christen angetroffen, die unfähig waren, in öffentlichen Versammlungen mit Freimut ein Zeugnis zu geben. Ihr Mund wurde zugehalten, während ihr Herz nach Freiheit schrie. Ich habe Jesu Namen gebraucht und die dämonische Macht gebrochen, Zeugnisse wurden wiederhergestellt, und Gebetskraft wurde gegeben. Welche Freude kommt in ein Leben durch den befreienden Namen Jesu Christi!

Drei Dinge sind notwendig, um Befreiung und Sieg über Dämonen zu bekommen:

Erstens: Wir müssen Kinder Gottes sein.

Zweitens: Wir dürfen keine verschwiegene oder unvergebene Sünde in unseren Herzen haben, andernfalls werden die Dämonen über unsere Gebete lachen.

Drittens: Wir müssen die Macht des Namens Jesu kennen und wissen, wie man sie gebraucht. Lies sorgfältig die Apostelgeschichte und beachte, wie die Jünger seinen Namen gebrauchten.

Wenn dein eigenes Leben voller Niederlage und gehemmt war durch die Macht des Feindes, dann erhebe dich in diesem allmächtigen Namen Jesu; schleudere den Feind zurück; ergreife deine Befreiung; geh und befreie andere!

Ich hatte nie für die Kranken gebetet oder Teufel

ausgetrieben in meinem Dienst, bis ich die Offenbarung der Autorität des Namens Jesu bekam.

Wenn wir es lernen, den Namen Jesu gemäß dem Wort in der Vollmacht des Geistes zu gebrauchen, besitzen wir das Geheimnis, das die Welt durch die Apostel erschüttert hat.

In 2. Thess. 1, 12 bittet Paulus, »daß in euch verherrlicht werde der Name unseres Herrn Jesus Christus und ihr in ihm.« Wie könnte sein Name in uns mehr verherrlicht werden, als wenn wir ihn so gebrauchen, wie es die frühen Christen taten?

Wie man böse Geister austreibt

1. Kenne deinen Feind. »Uns ist nicht unbewußt, was Satan im Sinn hat« (2. Kor. 2, 11). Lerne durch den Heiligen Geist, die Gegenwart und das Werk böser Geister wahrzunehmen (1. Kor. 12, 10).

2. Wisse um deine Rechte. Du bist ein *Überwinder* aller satanischer Wirkungen aufgrund des Blutes Jesu und das Wort deines Zeugnisses (Offb. 12, 11). Christus hat dir Macht und Autorität über alle Macht des Teufels gegeben (Luk. 10, 19). Wage, sie zu gebrauchen.

3. Deine Grundlage für sicheren Sieg ist: Jesus hat Satan besiegt, hat ihn seiner Autorität entkleidet und ist als ewiger Sieger auferstanden! Mit »Christus in dir« zähle fest auf

diese unerschütterliche Tatsache: »Der in dir ist, ist größer, als der in der Welt ist« (1. Joh. 4, 4). Mache dies täglich zu deinem persönlichen Zeugnis!

4. Sage kühn die Worte Gottes gegen Satan, wie es Jesus tat (Matth. 4). Das Wort ist die Waffe Nr. 1 (2. Kor. 10, 4). Zitiere das Wort laut und oft, um den Feind vernichtend zu schlagen!

5. Es gibt Gefangene überall um dich her, die von jeder Bindung Satans »gelöst werden« müssen (Luk. 13, 16). In dem mächtigen Namen Jesus kannst du Gottes Werkzeug sein, um Menschen von jeder Art böser Geister zu befreien.

6. Jesus sagte: »In meinem Namen werden sie böse Geister austreiben« (Mark. 16, 17). Sage: »In dem Namen Jesu befehle ich euch bösen Geistern zu verschwinden.« Behaupte deinen Stand ohne Furcht und ohne Wanken! Böse Geister wissen, daß sie sich dem Namen Jesus unterwerfen müssen! Lies Phil. 2, 9–11.

7. Weigere dich, Satans »Abladeplatz« zu sein, wo böse Geister Geisteskrankheiten, nervöse Störungen, Schwermut und Depression, körperliche Schwachheiten und Leiden

und geistliche Bindungen produzieren. »Widerstehet dem Teufel, so flieht er von euch« (Jak. 4, 7).

8. Mache die Kraft des Blutes Jesu geltend. Lebe unter dem Blut durch den Wandel im Licht. »Wenn wir im Licht wandeln, wie er im Licht ist, so haben wir Gemeinschaft untereinander, und das Blut Jesu Christi macht uns rein von aller Sünde« (1. Joh. 1, 7). Sprich mutig Gottes Wort gegen Satan aus. Wir befinden uns in einem wirklichen Krieg (Eph. 6, 12 – 16). Böse Geister austreiben heißt, im unsichtbaren Geisterreich zu handeln, wo du dich auf die Salbung des Geistes verläßt, wie es Jesus tat. Lies Luk. 4, 18. 19 und Apg. 10, 38. Lege die ganze Waffenrüstung Gottes an. Werde kühn gegen böse Geister im Namen Jesu. Du »überwindest weit durch den, der dich geliebt hat« (Röm. 8, 37). Sieg ist gewiß durch Jesus!

Kapitel X

Was vermag ein Name?

»Im Namen Jesu verfluche ich dich, Geist der Schwäche, und gebiete dir, diesen Körper zu verlassen.«

Das waren die unvergeßlichen Worte von William W. Freeman, als er mit meiner Mutter im Mai 1948 betete. Meine Mutter verließ das Podium beschwingten Schrittes; ich war so aufgeregt, daß ich meinen Platz verließ, um ihr entgegenzugehen.

»Wie geht es dir, Mama?« fragte ich gespannt.

»Ich bin vollkommen in Ordnung«, antwortete meine Mutter, und Tränen strömten ihr vom Gesicht. »Ich spürte ein heißes Gefühl, das durch meinen ganzen Rücken ging; ich weiß, der Herr hat mich geheilt!«

Das Wunder, das meine Mutter empfing, war in der Tat elektrisierend. Es brachte den Glauben der Menschen in der Versammlung in Bewegung. Und für mich persönlich war es Gottes Weg, ein Gebet für die Errettung meiner Familie zu beantworten. Als sie Augenzeugen der Verwandlung wurden, die meine Mutter in ihrem Körper empfangen hatte, nahmen meine Familienangehörigen freudig Jesus als persönlichen Heiland an. Dies war nicht das erste Wunder im Namen Jesu, dessen Zeuge ich war. Kurz vor diesem Abend war ich als junger Baptistenprediger mit Freunden zu Dr. Thomas Wyatts »Wings of Healing Temple« in Portland, Oregon, gegangen, wo der Evangelist Freeman diente. Dort war ich zum ersten Mal der Kraft des Namens Jesu begegnet. Wenn

Bruder Freeman den Krankheiten und Leiden geboten hatte, die Körper der Menschen zu verlassen, sah ich den Beweis für die enorme Kraft, die im Namen Jesu liegt.

In Apg. 3, 16 erklärt Petrus die Heilung des Lahmen an der schönen Tür: »Und durch den Glauben an seinen Namen hat diesen hier, den ihr sehet und kennet, sein Name stark gemacht; und der Glaube, der durch ihn gewirkt ist, hat diesem gegeben diese Gesundheit vor euer aller Augen.«

Der Name Jesus hatte ein Wunder für den lahmen Mann bewirkt, und der Glaube an diesen Namen bringt übernatürliche Ergebnisse, wenn wir ihn heute gebrauchen.

Ein Jahr später, 1949, lud mich Bruder Freeman ein, ihn auf seinen riesigen Feldzügen, die Städte für Christus in Bewegung brachten, zu begleiten. Bruder Freeman war furchtlos beim Gebrauch des Namens Jesu, wenn er in allen möglichen Fällen diente. Der Durchschnittsgottesdienst ging in dieser Reihenfolge vor sich:

Er predigte das Evangelium unter reicher Salbung. Es war eine Botschaft der Errettung ohne Abstriche, um die Ungeretteten zu gewinnen. Er betonte immer die Wichtigkeit der Rettung der Seele, noch vor der Heilung des Leibes. »Das erste zuerst«, darauf bestand er, während er vom Heiligen Geist gebraucht wurde, auf Hunderte Einfluß zu nehmen, daß sie den Heiland im Glauben aufnahmen.

Dann bat er diejenigen nach vorn zu kommen, die völlig taub auf einem oder beiden Ohren waren, blind auf einem oder beiden Augen oder ohne Geruchs- oder Geschmackssinn; auch die, welche an

Krebs, Tuberkulose, Kröpfen, Tumoren und Brüchen litten.

Gewöhnlich reagierten mehr als zweihundert Menschen auf diese Einladung. Dann gingen Bruder Freeman und ich zu diesen Leuten. Durch die Gabe des Geistes konnte er wahrnehmen, wer »bereit« war, sein oder ihr Wunder zu erhalten. Dann schickte er diese Leute auf die Bühne. (Später lernte ich, dieselbe Geistesgabe zu gebrauchen, zu »wissen«, wer bereit war und wer noch eine Zeitlang warten mußte.)

Oben auf der Bühne fing Bruder Freeman gewöhnlich mit jemand an, der völlig taub auf einem Ohr war.

Buchstäblich Hunderte von Malen hörte und sah ich, wie er diese Worte sprach: »Im Namen Jesu nehme ich Autorität und Herrschaft über euch Geister der Taubheit. Im Namen Jesu befehle ich euch tauben Geistern, aus diesem Ohr herauszukommen. Nun befehle ich dir, dein Gehör zu empfangen und geheilt zu sein!«

Die Ergebnisse waren unbestreitbar. Eine Person nach der anderen bewies, wenn sie geprüft wurde, daß sie jetzt vollkommen hören konnte, wo sie vorher auf einem Ohr taub gewesen war. »Und durch den Glauben an seinen Namen hat diesen hier sein Name heil gemacht!«

Dasselbe geschah dann bei anderen Krankheiten: blinde Augen konnten wieder sehen, Brüche, Tumore und Kröpfe verschwanden durch die Kraft des Namens Jesus, der von Gottes Diener ausgesprochen wurde.

Ich war Zeuge von Heilungen und Wundern aller

Art in den Monaten im Jahr 1949, als ich mit Bruder Freeman reiste. Dann heirateten Joyce und ich 1950. Nach unseren Flitterwochen gingen wir mit Bruder Freeman nach Los Angeles, wo er dasselbe Zelt verwendete, das Billy Graham ein Jahr zuvor für seinen historischen Evangeliums-Feldzug verwendet hatte. Demos Shakarian, später Präsident der Geschäftsleute des Vollen Evangeliums International, war Vorsitzender bei diesem Feldzug von William Freeman in Los Angeles.

7000 Stühle waren im Zelt. Abend für Abend, fünf volle Wochen lang, waren diese Stühle besetzt, oft standen noch Tausende draußen. Wieder sah ich die Kraft des Namens Jesus in Aktion, während ungeheure Wunder gewirkt wurden.

Ich war völlig überzeugt, daß in dem Namen Jesu Kraft sei, verblüffende Wunder zu vollbringen. Aber immer dachte ich bei mir, daß der Gebrauch dieses Namens mit solcher Wirkung auf einen Mann wie Bruder Freeman begrenzt sei, weil er einen Engel gesehen und die Stimme Gottes gehört hatte, die ihn zum Heilungsdienst führte. Ich schätzte den Namen Jesu. Ich bewunderte die Autorität, die in diesem Namen verliehen wird. Ich betete zum Vater in diesem Namen. Aber ich hatte nicht dasselbe Vertrauen oder den Glauben in den Namen Jesus wie Bruder Freeman.

Im April 1951 wurde ich eingeladen, einen Feldzug in einer Kirche zu leiten. Ich hungerte nach einer Heimsuchung der Kraft Gottes, aber es schien, als ob mir dies verweigert würde. Eines Morgens erhob ich mich früh und sagte meiner Frau, ich würde zur Kirche gehen und »beten, bis Gott mich heimsucht«.

Ich war auf meinen Knien zwei Stunden lang in ernstem Gebet. Während ich vor Gott durch seinen Geist zerbrochen wurde, erhob ich mich und setzte mich auf einen Platz am Altar, wo ich gekniet hatte. Offen gesagt, ich fühlte starke Enttäuschung darüber, daß Gott mich nicht »heimgesucht« hatte, wie ich gefleht hatte.

Dann öffnete ich meine Bibel bei Philipper Kapitel zwei und begann zu lesen. Als ich die Verse 9 bis 11 las, wurde mein Herz durch diese Stelle erleuchtet:

»Darum hat ihn auch Gott erhöht und hat ihm den Namen gegeben, der über alle Namen ist, daß in dem Namen Jesu sich beugen sollen aller derer Knie, die im Himmel und auf Erden und unter der Erde sind, und alle Zungen bekennen sollen, daß Jesus Christus der Herr sei, zur Ehre Gottes, des Vaters.«

Während ich diese Stelle las und nochmals las, kam in mein Verständnis eine Offenbarung des Heiligen Geistes. Gott der Vater hatte seinen Sohn Jesus so sehr erhöht, daß er ihm den Namen über alle Namen im Himmel, auf Erden und in der Hölle gegeben hatte! »Alles« im Himmel, auf Erden und in der Hölle muß sich dem Namen Jesus beugen!

Ich begann, an große Namen der Geschichte zu denken, große Namen unserer Gegenwart, große Namen, die Reichtum, Stellung und Berühmtheit repräsentierten. Doch Gott hatte verfügt, daß der Name Jesus der höchste über alle diese Namen sein sollte! Halleluja! Ich konnte kaum erfassen, was mir da offenbart worden war. Während »die Heimsuchung Gottes« an jenem Morgen nicht durch die Erscheinung eines Engels oder die hörbare Stimme Gottes zu mir gekommen war, hatte er mich doch in der Tat durch sein göttliches Wort mittels der Offenbarung des Heiligen Geistes heimgesucht. Ich würde nie wieder derselbe sein! »Wenn der Name Jesus höher ist als alle Namen oder Dinge«, überlegte ich, »dann kann ich Krankheiten, Dämonen und Schwierigkeiten in der Kraft dieses Namens bezwingen!«

Ich konnte kaum auf die nächste Gelegenheit warten, diesen neuen Glauben, den ich hatte, auszuüben ... daß ich den Namen Jesus in vollem Glauben sprechen konnte, so wie ich das Bruder Freeman tausende Male hatte tun sehen.

Es dauerte nur kurze Zeit, bis ich die Gelegenheit haben sollte, den Namen Jesus gegen einen schrecklichen Zerstörer auszusprechen. Ich erhielt einen Anruf von einer Dame, die wir Großmama Davis nannten.

»Bruder Gossett, ich rufe Sie an, weil ich weiß, daß Sie mit Bruder Freeman gereist sind«, legte sie dar. »Mein Enkel hat Gehirntumor und ist von den Ärzten aufgegeben worden. Seine Eltern bringen ihn am Sonntag nachmittag zu mir nach Hause.«

Großmama Davis erklärte weiter: »Nun habe ich gedacht, weil Sie Hunderte von Menschen gesehen haben, die geheilt wurden, als Bruder Freeman betete, daß ich Sie bitten sollte, zu kommen und für meinen Enkel zu beten.« Gehirntumor! Aufgegeben! Solche »Dinge« passen in die Kategorie hinein, worüber uns Gott in dem Namen Jesu Macht gegeben hat. Ich konnte es kaum erwarten, diesen Namen gegen den Gehirntumor auszusprechen.

Als Joyce und ich an jenem Sonntagnachmittag in das Haus der Davis' hineingeführt wurden, fanden wir eine spürbare »Begräbnisatmosphäre« vor. Der neunjährige Enkel war aufgegeben worden. Die Familienangehörigen hatten sich versammelt, um den

Jungen vielleicht das letzte Mal lebend zu sehen; der Tod wurde jederzeit erwartet.

Diese düstere Umgebung konnte es nicht zuwege bringen, mein Vertrauen in den Namen Jesus auf meinen Lippen zu schwächen. Bereitwillig legte ich dem Jungen meine Hände auf und sprach mit voller Autorität: »Im Namen Jesu, ich bedrohe diesen Gehirntumor. Ihr unreinen Krankheitsgeister, ich gebiete im Namen Jesu, euren Todesgriff an diesem Jungen loszulassen und zu gehen.«

Preis dem Herrn! Obwohl es keine sichtbaren Auswirkungen irgendeines Wunders gab, war ich innerlich überzeugt, daß ein Wunder stattgefunden hatte. Ich verließ das Haus in dem Wissen, daß ich in einem Kampf auf Leben und Tod gewesen war, aber ich hatte Frieden in meinem Herzen. Ich kannte die Kraft des Namens Jesu, die sogar tödliche Gehirntumore vertreiben konnte.

Kurz danach nahmen die Eltern den Jungen nochmals mit ins Krankenhaus, wo neue Untersuchungen an ihm vorgenommen wurden. Zum Erstaunen der Spezialisten konnten sie keine Spur eines Gehirntumors finden. Der Name Jesus hatte den Triumph davongetragen!

»Und durch den Glauben an seinen Namen hat diesen hier sein Name stark gemacht.«

Viele Jahre später traf ich den Onkel dieses Jungen. Er kam zu meinem Feldzug und gab ein öffentliches Zeugnis von diesem Wunder. Er erzählte uns, daß der Junge nun verheiratet sei und eine Familie habe. Mit neun Jahren hatte er sterben sollen!

Ich schloß mich Bruder Freeman wieder an bei seinen Zeltfeldzügen in Fresno und Modesto, wo sich viele Kirchen zur Evangelisation vereint hatten.

Zweimal täglich war ich damit beschäftigt, Radiosendungen in Verbindung mit den Feldzügen bei den Sendern Lodi und Modesto zu leiten. Während ich die Autobahn entlangfuhr, sonnte ich mich in dem Segen, der im Namen Jesu liegt. Ich sang stundenlang und pries den Namen Jesus in Liedern und Chorussen.

Jesus, o wie süß der Name klingt!
Jesus, jeden Tag mein Herz es singt!
Jesus, der die ganze Welt durchdringt
mit dem wunderbaren Lobpreis seines Namens.

Eines Morgens hatte ich gerade meine Sendung auf KLVR, der Station in Lodi, abgeschlossen. Als ich auf die Autobahn einbog, sah ich einen jungen Mann, der trampte. Ich spürte einen Zug in meinem Herzen, daß ich ihn mitnehmen sollte.

»Wie weit wollen Sie?« fragte ich ihn.

»Etwa zehn Meilen weiter«, antwortete er.

Ich wußte, daß ich in etwa 15 Minuten dort sein würde, so begann ich, mit ihm über Jesus zu sprechen.

Sofort antwortete er: »Mann, ich bin froh, daß Sie mit mir über Religion reden. Ich wollte schon immer ein Christ werden.«

Ich war erfreut. Gewöhnlich treffe ich auf Widerstand oder Gleichgültigkeit, wenn ich mit anderen über Jesus spreche. Er erklärte weiter: »Ich ging als Junge zu einer Sonntagsschule bei den Baptisten. Ich hörte dann etwas über Rettung. Ich wollte immer gerettet werden, doch irgendwie kann ich einfach nicht gerettet werden.«

Er meinte ehrlich, daß er vorbestimmt sei, für

ewig verloren zu gehen. Irgendwo hatte er die falsche Lehre gehört, daß der eine für die Rettung, der nächste für die Verdammnis vorbestimmt sei.

Ich versuchte sorgfältig, ihn mit den biblischen Tatsachen vertraut zu machen, daß »wer da will« gerettet werden kann. Doch meine Worte waren nicht überzeugend. Er war verleitet worden zu glauben, daß er dazu verdammt sei, ewig von Gott getrennt zu sein, weil es lange vor seiner Geburt so vorherbestimmt war.

Schließlich erreichten wir seinen Bestimmungsort. Ich fuhr meinen Wagen an den Straßenrand und sagte zu ihm:

»Es ist kein Zufall, daß ich Sie heute früh mitgenommen habe. Der Herr liebt Sie und möchte Sie erretten. Ich habe Ihnen mehrere Bibelverse mitgeteilt, die das beweisen. Gerade jetzt, hier in meinem Auto, öffnen Sie Ihr Leben im Glauben Christus.«

Der Mann faßte nach dem Türgriff. »Nein danke. Ich würde gern gerettet werden, doch es geht einfach nicht. Jedenfalls vielen Dank«, schüttelte er traurig seinen Kopf.

Plötzlich zeigte mir der Heilige Geist die Situation: Hier war ein Mann, der Jesus wollte. Der Herr rettet niemand gegen seinen Willen. Jeder einzelne kann moralisch frei handeln, Jesus Christus annehmen oder zurückweisen. Dieser Mann sehnte sich nach ewigem Leben.

Ich war bestürzt, als der Geist mir das gemeine Werk des Teufels enthüllte, der Gedanken und Augen blind für die Wahrheit macht. Bevor er die Tür öffnete, um auszusteigen, hörte ich mich selbst die folgenden geistgesalbten Worte sagen: »Teufel, im Namen Jesu nimm deine Hände von diesem Mann weg. Er wünscht Rettung von Jesus Christus, und du hast ihn lange genug getäuscht.«

Ich hatte diesen Befehl kaum ausgesprochen, da wandte sich der Mann mit Tränen in den Augen mir zu. »Ich bin bereit zu beten«, sprach er eifrig.

Und wir beteten. Ich führte ihn zu Jesus als persönlichen Heiland und Herrn seines Lebens. Er war überglücklich. Die Gegenwart Gottes war sehr nahe bei dieser Straßenrandgebetsversammlung!

Nachdem ich mit dem jungen Mann noch weitere seelsorgerliche Worte gesprochen und ihm aus der Bibel aufgezeigt hatte, was in seinem Leben geschehen war, sagte ich ihm Lebewohl.

Als ich in meinem Wagen weiterfuhr, war ich verblüfft, wenn ich mir die Autorität vorstellte, die ich im Namen Jesu ausgeübt hatte — Autorität, die einen jungen Mann in einem Augenblick von satanischer Kontrolle befreien konnte.

Später versuchte ich, diese Autorität über ganze Gruppen auszuüben. Ich beobachtete beispielsweise, wie eine ganze Reihe von Menschen vom Heiligen Geist überführt war, aber die Einladung nicht beantwortete. Ich verließ das Podium, ging in den hinteren Teil der Kirche und lud sie ein, zu Christus zu kommen.

Dann sprach ich diese Worte: »Im Namen Jesu, ich gebiete der Macht Satans, über jedem einzelnen eurer Leben zu zerbrechen. Nun kommt in Jesu mächtigem Namen und nehmt den Heiland auf!« Preis dem Herrn, fast hundert Prozent von ihnen kamen dann.

Ich habe dasselbe über großen Zuhörerschaften von Ungeretteten getan. Wenn ich den Namen Jesus spreche und der satanischen Herrschaft gebiete zu zerbrechen, kommen die Ungeretteten, um die Neugeburt zu empfangen.

Ich war Zeuge von Tausenden von Heilungswundern, nachdem der Name Jesus ausgesprochen worden war. Zuerst in den fünf Jahren der ungeheuren Feldzüge mit William W. Freeman. Später sah ich ähnliche Wunder, als ich für den Evangelisten Jack Coe etwas schrieb. 1959 bis 1960 war ich der Herausgeber des *Faith Digest.* Ich war Zeuge derselben Autorität, die Nationen in Bewegung brachte.

In meinem eigenen Dienst durfte ich Heilung bringen für Hunderte, die völlig taub auf einem oder beiden Ohren waren, indem ich den Namen Jesus sprach. Ich habe Hunderte von Opfern der Arthritis gesehen, die in diesem Namen Befreiung fanden.

In den Überseefeldzügen, wo die Massen zusammenkommen, um das Evangelium zu hören, habe ich gewöhnlich ein Massengebet für alle Kranken gesprochen. Nachdem ich kühn den Namen Jesus ausgesprochen habe, legen eine Menge Leute Zeugnis ab von augenblicklichen und wundervollen Heilungen, die sie empfangen haben.

Wir gebrauchen den Namen Jesus nicht als einen Fetisch oder ein Zauberwort. Wir sprechen seinen Namen mit Verstand aus, basierend auf klaren Anweisungen, die im Wort Gottes gegeben sind.

Der Name Jesus

1. Weil »Gott ihn erhöht und ihm den Namen gegeben hat, der über alle Namen ist« im Himmel, auf der Erde und in der Hölle

(Phil. 2, 9–11), spreche ich kühn seinen Namen aus und unterwerfe ihm alle anderen Namen.

2. »Was ich bitten werde in seinem Namen, das will er tun, auf daß der Vater verherrlicht werde in dem Sohne« (Joh. 14, 13); darum spreche ich voll Vertrauen in seinem Namen, damit der Vater verherrlicht werde.

3. »Was ich ihn bitten werde in seinem Namen, das wird er tun« (Joh. 14, 14): Rettung, Heilung, Versorgung, Befreiung sind eingeschlossen.

4. »Wenn ich den Vater etwas bitten werde im Namen Jesu, so wird er's mir geben« (Joh. 16, 23), darum bete ich immer zum Vater im Namen seines geliebten Sohnes.

5. Weil er sagte: »Bisher habt ihr nichts gebeten in meinem Namen. Bittet, daß eure Freude vollkommen sei« (Joh. 16, 24), ist meine Freude überfließend, weil er groß und mächtig antwortet.

6. Mit Petrus erkläre ich furchtlos: »Was ich habe, das gebe ich dir: Im Namen Jesu steh auf« (Apg. 3, 6).

7. »Durch den Glauben an seinen Namen macht sein Name stark und gibt Gesundheit«

(Apg. 3, 16), darum bekenne ich kindlichen Glauben an den Namen Jesus.

8. »Und alles, was ich mit Worten oder mit Werken tue, das tue ich alles in dem Namen des Herrn Jesus und danke Gott, dem Vater, durch ihn« (Kol. 3, 17).

9. »Im Namen Jesu treibe ich böse Geister aus« (Mark. 16, 17); deswegen besitze ich völlige Autorität über die Werke Satans.

10. »Ich sage Dank allezeit für alles Gott in dem Namen unseres Herrn Jesus Christus« (Eph. 5, 20).

11. Ich gebrauche den Namen Jesus nicht als Fetisch oder Zauberwort; ich weiß, sein Name repräsentiert »alle Gewalt im Himmel und auf Erden« (Matth. 28, 18).

12. »Alle rufen die Kraft des Namens Jesu an« ist mehr als ein Kirchenlied; ich rufe die Kraft seines rettenden, heilenden, befreienden Namens an … den unvergleichlichen Namen Jesus.

Kapitel XI

Du kannst das tun

Als ich Herausgeber des *Faith Digest* in Tulsa, Oklahoma, war, gab mir ein geschätzter Freund den folgenden Bericht:

»Ich besuchte einen Gottesdienst im Civic-Auditorium in Portland, Oregon. Ich saß auf der dritten Empore.

Nach der Botschaft ging eine lange Reihe von Menschen vor dem Prediger vorbei, damit er für sie um Heilung bete. Er hielt ein taubstummes Kind an, legte ihm seine Finger in die Ohren und sagte: ›Du taubstummer Geist, ich beschwöre dich im Namen Jesu Christi, verlaß dieses Kind und komm nie wieder herein.‹ Er sprach ruhig, aber mit absoluter Gewißheit. Das Kind wurde vollkommen geheilt. Wie diese Worte in meinem Herzen klangen! Ich *beschwöre dich im Namen Jesu Christi!*

Ich hatte nie einen Mann so beten hören. Er hatte keinen Zweifel. Er sprach sanft, doch mit unwiderstehlichem Nachdruck. Es war eine unbestreitbare Autorität in seiner Stimme. Er rief den Namen Jesus an, und ein Dämon war gezwungen zu gehorchen.

Ich sah den Namen Jesus demonstriert. Es veränderte mein Leben.

Jesus war lebendig. Er war auf dem Podium. Ich konnte ihn nicht sehen, doch wenn dieser Pastor seinen Namen anrief, war er dort. Er gab dem Befehl die Rückendeckung. Ich sah Jesus in seinem Namen an jenem Abend.

Tausend Stimmen wirbelten durch meinen Kopf, während ich dort saß und weinte. Sie sagten: ›Du kannst das tun! Du kannst das tun! Petrus und Paulus taten es! Das beweist, daß die Bibel heute gültig ist! Du kannst das tun!‹

›Ja!‹ sagte ich. ›Ich kann das tun! Jesus lebt! Er ist hier! Er ist bei mir! Ich kann seinen Namen gebrauchen! Ich kann Dämonen austreiben! Ja, ich kann das tun!‹

Ich verließ den Saal als ein neuer Mann. Jesus und ich gingen zusammen. Ich würde seinen Namen gebrauchen, um Dämonen und Krankheiten zu vertreiben. Ich konnte in seinem Namen sprechen. Jesus würde das Wunder tun. Kein Dämon, keine Krankheit würden seiner Autorität widerstehen können. *Er würde ihnen sein Ultimatum stellen, wenn ich SEINEN Namen gebrauchen würde.*

Jahrelang habe ich nun in über dreißig Ländern seinen Namen verkündigt. Rund um die Welt habe ich die Herrlichkeit Jesu Christi erblickt, wenn ich seinen Namen unter den Heiden erhöht habe.«

»Darum hat ihn auch Gott erhöht und hat ihm den Namen gegeben, der über alle Namen ist, daß in dem Namen Jesu sich beugen sollen aller derer Knie, die im Himmel (Engel) und auf der Erde (Menschen) und unter der Erde (Dämonen) sind« (Phil. 2, 9. 10).

Weißt du, was eine Vollmacht ist? Sie ist ein geschriebenes Dokument, das eine Person bevollmächtigt, für eine andere zu handeln. Wenn dir jemand eine unbegrenzte Vollmacht erteilt hat, darfst du seine Schecks unterzeichnen, sein Geschäft verkaufen, alles, was du willst, in seinem Auftrag — und du darfst es *in seinem Namen* tun!

Jesus hat uns seine Vollmacht erteilt. Wir haben ein geschriebenes Dokument — die Bibel — worin Jesus sagt: »Wenn ihr den Vater etwas bitten werdet in meinem Namen, so wird er's euch geben« (Joh. 16, 23). Selbst auf rein gesetzlicher Grundlage haben wir, wenn wir einmal Christen geworden sind, das Recht, Jesu Namen zu gebrauchen. Wir haben das Recht, mit dem Namen Jesus »Schecks« zu »unterzeichnen«, die wir von der »Himmelsbank« abheben!

Wenn wir Jesus als unseren Heiland annehmen, wird uns Jesu Name zum Gebrauch übergeben. Jesus sagt uns: »Bisher habt ihr nichts gebeten in meinem Namen. Bittet, so werdet ihr nehmen, daß eure Freude vollkommen sei« (Joh. 16, 24). »Und was ihr bitten werdet in meinem Namen, das will ich tun, auf daß der Vater verherrlicht werde in dem Sohne« (Joh. 14, 13).

Dämonen, Krankheiten und Umstände sind alle diesem Namen unterworfen. Dieser Name Jesus ist der Majestätsname über alle Namen. Der Vater hat es gewollt. Der Heilige Geist gibt Zeugnis davon. Und zahllose Wunder bezeugen die Herrschaft dieses Namens.

Vor einigen Jahren wählten einige Herausgeber von Gesangbüchern das Lied »Alle rufen die Kraft des Namens Jesu an« als die *große Hymne* der Kirche aus.

Wir können alle die Kraft des Namens Jesu anrufen, denn durch seinen Namen haben wir (1) *Rettung* für unsere Seele, (2) *Heilung* für unseren Leib, (3) *Sieg* über die Kräfte Satans und (4) *Zugang* zum Vater im Gebet.

Der Name Jesus ist untrennbar verbunden mit Rettung. Schon der Name ist voller Musik für eine reuige Seele. »Und sie wird einen Sohn gebären, des Namen sollst du Jesus heißen, denn er wird sein Volk retten von ihren Sünden« (Matth. 1, 21). »In keinem andern ist das Heil, ist auch kein andrer Name unter dem Himmel den Menschen gegeben, darin wir sollen selig werden« (Apg. 4, 12).

Der Name Jesus ist der eine Name, durch den der Sünder sich dem großen Vater-Gott nähern kann; er ist der eine Name, der ihm Erhörung verschafft; er ist der eine Name, der den Mittlerdienst Jesu enthüllt.

Viele haben die Neugeburt empfangen, indem sie einfach diesen Namen angerufen haben, denn »wer den Namen des Herrn anrufen wird, soll gerettet werden« (Röm. 10, 13).

Hast *du* seinen Namen angerufen? Hast du den Namen Jesus im Gebet ausgesprochen? Wenn nicht, tu es jetzt. Sein Friede wird deine Seele durchströmen. Während du seinen Namen anrufst, sieh ihn erhöht, blutend, sterbend, damit *du* leben darfst. Deine Sünden werden wegschmelzen, während sich sein Leben mitten in dein Sein ergießt. Rufe jetzt seinen Namen an und sei gerettet. *Du kannst das tun!*

Der Name Jesus bringt Heilung. In Apostelgeschichte 3 wird die Kraft in mächtiger Weise demonstriert, die im Namen Jesu verliehen wird. Zu einem hilflosen Krüppel, der im Staub saß, sagte Petrus: »Im Namen Jesu Christi von Nazareth stehe auf und wandle.« Plötzlich erhielten die unbrauchbaren Knöchel und Füße Kraft und dieser Mann eilte in den Tempel, springend, hüpfend und Gott lobpreisend.

Die Menge erkannte ihn als den ehemaligen Krüppel und versammelte sich um ihn in Verwunderung und Erstaunen. Petrus sagte dann der Menge, daß der lebendige, wunderwirkende Christus diese Heilung vollbracht habe. Er führte seine Botschaft zum Höhepunkt mit der Feststellung: »Und durch den Glauben an seinen Namen (den Namen Jesus) hat diesen hier, den ihr sehet und kennet, sein Name stark gemacht; und der Glaube, der durch ihn gewirkt ist, hat diesem gegeben diese Gesundheit vor euer aller Augen« (Apg. 3, 16).

Tausendmal habe ich die Kraft des lebendigen Christus gesehen, wie sie sich in Wundern manifestierte, als ich im Namen Jesu Christi Krankheiten und Dämonen zu weichen gebot.

O Wonne zu sehen, wie verdorrte Glieder, die von Kinderlähmung heimgesucht waren, plötzlich stark und neu wurden — zu sehen, wie Körper, die von Krebs aufgezehrt waren, plötzlich wiederhergestellt wurden! Ich sage dir, es gibt Heilung im Namen Jesu! Und Glaube an seinen wunderbaren Namen wird *dich* gerade jetzt heil machen.

Rufe seinen Namen jetzt an. Befiehl deiner Krankheit, jetzt zu gehen, in seinem Namen. Sie kann nicht bestehen. Auch du wirst heil werden. Empfange jetzt deine Heilung in seinem Namen. *Du kannst das tun!*

Der Name Jesus ist der Herrschername. Die Evangelien berichten uns wiederholt, wie Jesus böse Mächte bekämpfte: »Er predigte ... in ganz Galiläa und trieb die bösen Geister aus« (Mark. 1, 39). Es gibt zahllose Bibelstellen über Jesu Dienst der Teufelsaustreibung. Das wurde zu solch einer Streitfrage, daß seine Gegner fälschlicherweise behaupteten: »Er treibt die bösen Geister durch ihren Obersten aus« (Matth. 9, 34).

Wenn man unsere moderne religiöse Literatur liest und die Predigt eines durchschnittlichen Predigers hört, könnte man beinahe denken, daß es keine Dämonen mehr gibt. Tausende von Predigern und Christen haben noch nie in ihrem Leben einen Teufel in Jesu Namen ausgetrieben.

Ich habe nie verstanden, wie Gläubige erwarten können, ein Siegesleben zu führen, wenn sie nicht erkennen, daß ihr Feind eine dämonische Macht ist und daß die *Macht, sie zu besiegen,* im Namen Jesu, des Sohnes Gottes, liegt.

Die Existenz von Dämonen zu mißachten gibt dem Feind nur einen größeren Vorteil.

Wir haben nicht mit Fleisch und Blut zu kämpfen, sondern mit Mächtigen und Gewaltigen unter dem Himmel; unser Krieg richtet sich gegen Dämonen aller Grade, Arten und Autoritäten (Eph. 6, 12). »In meinem Namen werden sie böse Geister austreiben« verhieß Jesus »denen, die da glauben« (Mark. 16, 17).

Jedem Jünger, den Jesus zum Predigen aussandte, war es *befohlen,* »böse Geister auszutreiben« (Matth. 10, 8). Doch diese Verheißung in Mark. 16, 17 ist nicht nur für »Prediger«, sie gilt für jeden »Gläubigen«. Dazu gehörst auch du!

Wenn du weißt, daß dein Herz mit Gott in Ordnung ist, erhebe dich im Namen Jesu und treibe Dämonen aus. Jage den Feind hinaus. Handle mit Jesu Verheißung. Sprich mit Autorität. Du hast das Recht, diesen Namen zu gebrauchen. Sei nicht zaghaft. Sei mutig. *Du* bist ein »Gläubiger«. Nimm deinen Platz ein. Nimm Sieg in Besitz über die Mächte Satans, indem du diesen Namen gebrauchst.

Der Name Jesus ist der Herrschername! Jesus erklärte: »Was ihr bitten (oder gebieten) werdet, in meinem Namen, das will ich tun, auf daß der Vater verherrlicht werde in dem Sohne«.

Befiehl deiner Krankheit zu weichen. Befiehl deinem Feind den Rückzug. Nimm deine Befreiung an. Dann gehe und befreie andere. Tu es jetzt! *Du kannst das tun.*

Was für ein Wunder, daß jeder, der in die Familie Gottes hineingeboren ist, auch ins Königreich hineingeboren ist — ins göttliche Königreich. Er »hat uns versetzt in das Reich seines lieben Sohnes« (Kol. 1, 13). »Ihr seid das auserwählte Geschlecht, das *königliche* Priestertum (1. Petr. 2, 9).

Wenn du in die Herrscherfamilie hinein »wiedergeboren« bist, erbst du das Recht, den Herrschernamen zu gebrauchen. Welch ein Erbe! Es ist immer des Vaters Freude, jede Bitte anzuerkennen, die im Namen des Herrschers vorgebracht wurde. Wenn du betest, bist du ein Glied der Herrscherfamilie, wobei du eine Forderung geltend machst, die auf deinem Familienrecht beruht — dem Recht, Jesu Namen zu gebrauchen.

Durch die Aussage: »Wenn ihr den Vater etwas bitten werdet in meinem Namen, so wird er's euch geben«, gibt dir Jesus einen unterzeichneten Scheck über die gesamten Reichtümer des Himmels und bittet dich, ihn auszufüllen. *Welch ein Vorrecht!*

Es würde sich für jeden Christen lohnen, die Apostelgeschichte und die Briefe ausgiebig zu studieren, um festzustellen, wie dieser Name Jesus jede Phase der frühen Kirche berührt hatte.

Wenn *du* es lernst, den Namen Jesus gemäß dem Wort zu gebrauchen, in der Kraft des Geistes, hast du *das Geheimnis, das die Welt* durch die Apostel er-

schütterte. Beginne damit, den Namen Jesus heute in deinem Gebetsleben zu gebrauchen.

»Bisher habt ihr nichts gebeten in meinem Namen. Bittet, so werdet ihr nehmen, daß eure Freude vollkommen sei« (Joh. 16, 24).

Vollkommene Freude erwartet dich, wenn du den Vater kühn im Namen Jesu bittest! Du wirst etwas im Namen Jesu finden, das dir Freude in einem Maß geben wird, die du vorher nie gekannt hast.

»Die Zeichen, die da folgen werden denen, die da glauben, ...« Das meint dich! »... sind die: in meinem Namen werden sie böse Geister austreiben ...«

Nimm deinen Platz ein. Gebrauche den Namen. Er gehört dir. Es ist der Familienname. *Du* gehörst Jesus. *Du* bist in seine Familie hineingeboren. *Du* bist in sein Reich versetzt. Erfreue den Vater, sei kühn und nimm deine Rechte in Besitz. Beanspruche das Erbe, das dir gehört, dann befreie andere Gefangene. *Du kannst das tun.*

»Und alles, war ihr tut mit Worten oder mit Werken, das tut alles in dem Namen des Herrn Jesus und danket Gott, dem Vater, durch ihn« (Kol. 3, 17).

Was du tun kannst

1. »Ich vermag alles durch den, der mich mächtig macht, Christus« (Phil. 4, 13). Die Bibel ist Gottes Wort. Wenn Gott etwas sagt, meint er es auch. Wenn Gott sagt, daß ich etwas kann, dann kann ich es tun!

2. Jesus sagte: »In meinem Namen werden sie böse Geister austreiben … Auf Kranke werden sie die Hände legen, so wird's besser mit ihnen werden« (Mark. 16, 17. 18). Ich kann das tun! In seinem Namen kann ich Dämonen austreiben und Kranken dienen.

3. Ps. 37, 4 sagt: »Habe deine Lust am Herrn, der wird dir geben, was dein Herz wünscht.« Ich kann bekommen, was mein Herz wünscht, denn ich habe meine Lust am Herrn.

4. Apg. 1, 8 sagt: »Ihr werdet die Kraft des Heiligen Geistes empfangen, welcher auf euch kommen wird, und werdet meine Zeugen sein.« Ich kann in Kraft Zeugnis geben, denn ich habe den Heiligen Geist in meinem Leben!

5. Jes. 53, 5 verkündigt, daß wir »durch seine Wunden geheilt« sind. Ich kann Heilung und Gesundheit besitzen, denn durch seine Wunden bin ich geheilt!

6. »Liebet einander, wie ich euch geliebt habe« (Joh. 13, 34). Ich kann andere lieben, sogar wie Jesus mich geliebt hat, denn seine Liebe ist in mein Herz ausgegossen. Ich liebe mit seiner Liebe!

7. 1. Kor. 1, 30 sagt: »Christus Jesus ist uns gemacht zur Weisheit von Gott.« Ich kann in jeder Krise göttliche Weisheit haben, denn Christus selbst ist meine Weisheit.

8. »Der Gerechte ist furchtlos wie ein Löwe« (Spr. 28, 1). Ich kann kühn sein wie ein Löwe, denn ich bin durch seine Gerechtigkeit gerecht gemacht (Röm. 10, 10; 2. Kor. 5, 21).

9. Dan. 11, 32 sagt uns: »Die vom Volk, die ihren Gott kennen, werden sich ermannen und danach handeln.« Ich kann danach handeln, denn ich kenne meinen Gott, der mich stark macht!

10. »Alles, was zum Leben und göttlichen Wandel dient, hat uns seine göttliche Kraft geschenkt« (2. Petr. 1, 3). Ich kann mich *aller Dinge* erfreuen, die zum Leben und göttlichen Wandel dienen, und ich vermag alles durch Christus, der mich mächtig macht!

Kapitel XII

Du kannst es erleben

Du mußt nicht »jemand Besonderes« sein, um ein Heilungswunder zu erhalten. Gott sieht die Person nicht an. Was er für den einen tut, wird er auch für den anderen tun. Was Jesus für jemand anders tut, wird er für dich tun. In diesem Kapitel möchte ich dir Heilungswunder mitteilen, die nach dem Gebrauch des Namens Jesu gefolgt sind, um deinen Glauben zu stärken, so daß du *dein* Wunder bekommst.

Ein großer Segen des Herrn ist seine Kraft zu heilen. »Jesus Christus gestern und heute und derselbe auch in Ewigkeit« (Hebr. 13, 8). Der Christus des Evangeliums heilt heute noch. Ich weiß: ich bin durch Christus geheilt worden; ich bin Zeuge gewesen, wie Tausende andere auch geheilt worden sind.

Ich weiß, es bestehen große Kontroversen über das Thema Heilung durch Christus. Das war schon immer so und wird wahrscheinlich immer so bleiben. Die Skeptiker und Zweifler leugnen es, daß Christus heute noch Heilungswunder vollbringt. Aber diejenigen von uns, die geglaubt und empfangen haben, wissen, daß Christus noch heute in unserer Generation wesentliche Wunder wirkt.

Die Heilung meiner eigenen Mutter war das erste, das einen Eindruck auf mein Leben machte. Das war 1948, und es brachte meine Familie zu Jesus. Dann heilte der Herr den Klumpfuß meiner kleinen Tochter und brachte meine liebe Frau wieder auf die Beine, als sie 1953 von Gelenkrheuma geplagt war.

Der Name Jesus bringt Heilung. Wenn wir seinen Namen im Dienst an den Kranken anrufen, ist es genauso, als wäre Jesus selbst gegenwärtig. Er und sein Name sind eins. Als die Offenbarung der Kraft des Namens Jesu in mein Leben kam, wurde ich völlig verändert. Es war, als käme plötzlich der Himmel in mein Leben.

Wie schon erwähnt, habe ich im Namen Jesu tauben Geistern geboten, Hunderte von Menschen zu verlassen, die auf einem oder beiden Ohren völlig taub waren. Fast jedesmal verschwand die Taubheit, und die Menschen wurden geheilt.

Viele Male trat ich der schrecklichen Krankheit Krebs entgegen. Ich habe in dem gebieterischen Namen Jesu gegen dieses widerwärtige Übel gesprochen und viele Zeugnisse bekommen von solchen, die auf wundersame Weise von Krebs geheilt wurden. Diese Heilungen waren reale, deutliche Wunder zur Ehre und zum Lobpreis seines Namens.

Ich habe auf das Vorsatzblatt meiner Bibel diese Worte geschrieben: »Ich brauche keinen Glauben, um den Namen Jesus zu gebrauchen; alles, was ich brauche, ist *Kühnheit*, diesen Namen, der mir gehört, zu gebrauchen.«

Es war einfach wundervoll, im Namen Jesu gegen alle Arten von Krankheiten, Bindungen und Problemen zu sprechen und die Ergebnisse zu sehen. Dieser Name Jesu gehört dir auch. Gebrauche ihn mutig! Du magst zittern, wenn du ihn gebrauchst, aber denke daran, daß Kraft in diesem Namen ist, und sei furchtlos! Ich lobe den Herrn, der all unsere Krankheit heilt!

»Und durch den Glauben an seinen Namen hat dieser hier, den ihr sehet und kennet, sein Name stark gemacht; und der Glaube, der durch ihn gewirkt ist, hat diesem gegeben diese Gesundheit vor euer aller Augen« (Agp. 3, 16).

David sagt: »Lobe den Herrn, der dein Leben vom Verderben erlöst«. Das besagt, er bewahrt uns vor dem Verderben. Sicherlich ist jeder von uns dem Rachen des Todes sehr nahe gewesen, aber die starke Hand des Herrn hat uns befreit und bewahrt, als der Böse uns vernichten wollte.

Einmal predigte ich in der Stadt Chicago. Der Herr gab uns viele Seelen und große Heilungswunder in jedem Gottesdienst. Ein Mann kam zu den Versammlungen, der unter satanischer Kontrolle stand. Er wollte sich nicht der Befreiung unterwerfen und wies die Gnade und das Erbarmen Gottes für seine sündenumnachtete Seele zurück. Viele Male war es mit ihm schlimmer geworden, wenn er hinausging, weil er dem Geist widerstand.

Als ich später in den Saal ging zu unserer nächsten Versammlung, lauerte mir dieser Mann auf. Mit dem plötzlichen Ungestüm eines wilden Tieres griff er mich an. Bevor ich wußte, was geschah, hatte er mir drei schwere Schläge ins Gesicht versetzt. Ich stand da, taumelnd und schwankend, und versuchte, mein Gleichgewicht wiederzugewinnen.

»Ich steche dir deine Augen aus!« schrie der Mann und begann nochmals seine unheimliche Annäherung gegen mich. Ich wußte, es gab keine menschliche Ursache für diesen Mann, mich anzugreifen: Ich hatte versucht, ihm zu helfen, doch ich sah ganz klar, daß Dämonen ihn unter Kontrolle hielten. Als er nun wieder auf mich zukam in der Absicht, mir die Augen auszustechen, rief ich laut den Namen Jesu und verbot ihm, weitere Zerstörung anzurichten.

Die Dämonen in dem Mann wurden gebändigt. Er drehte sich plötzlich um und floh von dem Schauplatz der Gewalt. Der Name Jesu hatte gesiegt. Der Herr hatte mein Leben vom Verderben erlöst. Ich lobe seinen Namen dafür mit allem, was in mir ist.

Einmal war ich in einen kritischen Autounfall verwickelt: eines der Autos rollte über einen Abhang und ich war darin wie in einer Falle gefangen. Benzin lief an mir herunter. Unfähig, mich selbst zu befreien, begriff ich schnell, daß das Benzin sich entzünden und das Wageninnere zu einer lebendigen Hölle machen konnte.

Wieder gebrauchte ich den Namen Jesu in meiner schlimmen Lage und begann, den Herrn für meine Befreiung zu preisen. Der Herr nahm die Angelegenheit in die Hand; sechs Männer kamen vorbei und hoben den Wagen hoch. Ich wurde aus dem Wrack befreit, mit dem Satan beabsichtigt hatte, mich zu vernichten.

Halleluja! Gott ist größer als der Teufel! Und ich lobe den Herrn, der mein Leben vom Verderben erlöst hat! »Lobe den Herrn, meine Seele, und alles, was in mir ist.« Alles in mir sagt: »Halleluja; danke Jesus, Preis dem Herrn, Ehre sei Gott!« Mein Kelch fließt über! Der Herr hat mich mit seinen Wohltaten gesegnet — ich bin dankbar.

Du kannst dieselben Wohltaten des Herrn erfahren wie ich, wenn du an Jesus Christus glaubst. Was er für mich und viele andere getan hat, wird er auch für dich tun.

Als ich auf dem Missionsfeld in der Dominikanischen Republik Evangelist war, hat Gott in meine

Tätigkeit einige Male ungewöhnlich eingegriffen, was sich tief in mein Gedächtnis eingeprägt hat.

Wir gingen in ein Dorf, um die Leute dort zu besuchen. Die Missionare waren übereingekommen, uns in das Dorf mitzunehmen, um solche zu treffen, die meine Sendungen in Englisch und Französisch begeistert anhörten, da dies ein Dorf war, in dem in erster Linie Französisch und Patois gesprochen wurde. Die Menschen empfingen mich herzlich als Diener Gottes, während wir von einem kleinen Haus zum nächsten gingen, um mit ihnen die Liebe Jesu zu teilen. Dann wurde ich gebeten, einen Gottesdienst unter freiem Himmel zu leiten, bevor ich zur Hauptstadt zurückkehrte.

Als wir eine Brücke überquerten, um auf der anderen Seite des Flusses den Freigottesdienst abzuhalten, kam eine große Anzahl Schulkinder auf uns zugerannt. Sie fragten, ob sie ein Lied für unsere Versammlung in ihrem Patois-Dialekt singen dürften; das taten sie so nett. Dann fragten sie, ob wir ein Lied für sie singen würden; wir sangen gemeinsam: »Halleluja!« Danach sagte ich ihnen, ich wolle für sie alle beten, daß sie Jesus Christus in ihre Herzen aufnahmen und daß er sie segnete.

Meine Tochter Marisa begleitete uns auf dieser Reise. Marisa war damals noch keine fünfzehn Jahre alt. Sie war ein schmächtiges Mädchen und nicht an das tropische Klima gewöhnt. Als ich mitten im Gebet war, wurde Marisa ohnmächtig. Hätte meine Frau nicht schnell nach ihr gegriffen, wäre sie vielleicht in den Fluß gefallen. So stürzte sie auf die Felsen unmittelbar am Fluß. Ich sprang schnell hinunter an die Seite von Marisa. Ihre Augen waren verdreht; sie zeigte kein Leben, überhaupt keine Reaktion. Meine Frau schrie: »O Papa, bete!«

Ich wollte keine theologische Entscheidung fällen, wie ich ihr helfen sollte, ich hörte den Geist des Herrn durch mich beten: »Tod, ich bedrohe dich in Jesu Namen!«

Ich hob Marisa auf und trug sie zurück auf die Brücke. Ihre Augen waren immer noch hinten in ihren Augenhöhlen, und sie lag leblos in meinen Armen, als ich sie über die Brücke trug. Wieder bedrohte ich den Teufel und befahl laut: »Ich bedrohe dich, Tod, im Namen Jesu.«

Auf halbem Wege über die Brücke öffnete Marisa ihre Augen, und unsere Herzen freuten sich. Wir legten sie ins Auto, das den Missionaren, Geschwister Snyder, gehörte und kehrten in die Stadt Roseau zurück. Die Snyders baten uns, Marisa untersuchen zu lassen; wir jedoch waren zuversichtlich, daß der Herr ihr vollkommen geholfen hatte. Als der Teufel Vernichtung vorhatte, tat Gott sein Wunder! Ich erhebe nicht den Anspruch, daß Marisa von den Toten auferweckt wurde, aber ich *stelle fest*, daß der Herr eingriff und meine Tochter anrührte. Preis seinem Namen!

Vor vielen Jahren reiste Mrs. Mary Hart aus Calgary, Alberta, mit Pferd und Wagen über die Prärie in Richtung Alberta. Sie war damals noch ein Mädchen, aber sie erinnert sich lebhaft an ein besonderes Erlebnis.

Eines Abends, als ihre Familie auf der Prärie ein Lager aufgeschlagen hatte, stand sie nahe beim Lagerfeuer. Plötzlich explodierte eine Kanne mit kochendem Wasser und ihr Gesicht wurde schlimm verbrannt. Mit der Zeit heilten die Verbrennungen, aber Mary hatte keinen Geruchssinn mehr. Die folgenden Jahre hindurch war sie der Fähigkeit zu riechen beraubt, obwohl sie schöne Blumen sehr liebte.

Als ich einen vierwöchigen Feldzug in Calgary leitete, manifestierte Gott in mächtiger Weise seine Kraft zu heilen und zu befreien. Eines Abends stand Mrs. Hart vor mir, um ihre Geschichte zu erzählen und um Gebet für die Heilung und Wiederherstellung ihres Geruchssinnes zu erbitten. Als ich ihr im Namen Jesu diente, empfing sie sogleich dieses Heilungswunder und war imstande, alles und jedes, einschließlich der Blumen, zu riechen!

Einige Abende nach diesem Wunder ging ein schweres Unwetter über Calgary hinweg. Ohne daß Mrs. Hart es wußte, wurde die Zündflamme an ihrem Gaskessel durch den Sturm ausgelöscht. Falls die Zündflamme ausging, sollte das Gas eigentlich automatisch abgestellt werden. Das geschah aber nicht, und stundenlang strömte Gas vom Kessel durch den Keller nach oben. Als Frau Hart an jenem Abend von unserem Gottesdienst nach Hause kam, nahm sie wahr, daß überall im Haus ein eigentümlicher Geruch war. Sie ging nach unten und entdeckte schnell, was geschehen war. Sie öffnete Fenster und Türen und ließ das Gas hinaus. Oft hat sie bezeugt, daß ohne Zweifel ihr Geruchssinn, den sie erhalten hatte, ein Lebensretter für sie war! Hätte sie nicht riechen können, hätte das Gas weiter das Haus erfüllen können und sie schließlich getötet.

Ja, die Kanne mit kochendem Wasser auf dem offenen Präriefeuer war vor vielen Jahren die Ursache gewesen, daß die junge Mary ihren Geruchssinn verlor. Aber durch den mächtigen Namen Jesu tat Gott ein herrliches Wunder, das ihr Leben in Calgary rettete!

Vor einigen Jahren fuhr ich mit meiner Familie nach North Battleford, Saskatchewan, um einen Feldzug in der Foursquare-Gospel-Kirche durchzuführen. Der Pastor, George Belobaba, forderte mich mit folgenden Worten heraus: »Bruder Gossett, in unserer Sonntagsschule haben wir zwei Kinder, beide völlig blind auf einem Auge. Wenn nun der Herr Wunder zulassen würde, daß sie das Augenlicht bekämen, würde das die Dinge hier wirklich in Bewegung bringen. Die Menschen würden erfahren, daß Jesus Christus lebt und heute am Wirken ist.«

»Ich habe viele Male gesehen, wie Jesus Christus blinde Augen geöffnet hat«, antwortete ich. «Laß uns glauben, daß der Herr diese Wunder zulassen wird, wenn wir für die Kinder beten.«

Am dritten Versammlungsabend besuchten Michael Mannix und Linda Girard die Versammlung. Pastor Belobaba wies mich auf diese Kinder hin und sagte mir, daß sie diejenigen mit dem blinden Auge seien. Ich betete mit Michael, und Gott gab ihm vollkommene Sehkraft; dann erlebte Linda dasselbe Wunder.

Diese Wunder brachten die Herzen vieler Menschen in Bewegung, und viele Seelen wurden zu den Versammlungen hingezogen und gerettet, weil der lebendige Gott seine Kraft demonstriert hatte. Michael und Linda kamen Abend für Abend; ich holte sie auf die Bühne und zeigte, wie vollständig Jesus Christus in total blinde Augen das Sehvermögen gebracht hatte.

Die Wunder hatten auch eine große Wirkung auf ihre Familien; ich erhielt einen Brief von Lindas

Großmutter. Sie schrieb: »Nicht nur meine Enkelin Linda Girard wurde auf ihrem blinden Auge in ihrem Feldzug geheilt, sondern auch zwei meiner Brüder wurden in den Versammlungen gerettet, und ich wurde von schweren Unterleibsschmerzen geheilt. Ich bin so dankbar für alles, was der Herr getan hat.«

Michael Mannix hatte einen älteren Bruder, Melvin, der unter schwerem Gelenkrheumatismus litt. Sein Herz war dadurch so angegriffen, daß er oft nicht gehen, sprechen oder seine Mutter erkennen konnte. Als ich mit ihm betete, heilte Jesus Christus ihn auf der Stelle. Als seine Mutter ihn zu einer Generaluntersuchung brachte, war sein Arzt erstaunt; er setzte die medizinische Behandlung Melvins ab und erklärte, daß er durch und durch gesund sei.

In Joh. 14, 13. 14 sagte Jesus: »Was ihr bitten werdet in meinem Namen, das will ich tun, auf daß der Vater verherrlicht werde in dem Sohne. Was ihr mich bitten werdet in meinem Namen, das will ich tun.«

Eines Abends in Anderson, Missouri, brachte man eine Frau, die vor dem Krebstod stand. Sie sah mitleiderregend aus, kaum mehr als Haut und Knochen; ihre Haut war farblos.

Ich fragte sie: »Glauben Sie, daß Joh. 14, 13 auch Ihren verkrebsten Körper einschließt?«

Sie antwortete schwach: »Ja.«

»Dann wollen wir dieses Wort auf den Krebs anwenden«, fuhr ich fort. »Jesus sagte, was ihr in meinem Namen bittet, will ich tun. Es ist ganz einfach: unser Teil ist das Bitten, und Jesus wird für das Tun Sorge tragen.«

Das Wort Gottes brachte aktiven Glauben in ihr Herz und mit wirklicher Zuversicht rief sie aus: »Das klingt gut in meinen Ohren!«

Im Namen Jesu verfluchten wir den Krebs und innerhalb von drei Tagen hatte er ihren Leib völlig verlassen. Sie wurde zu vollständiger Gesundheit wiederhergestellt, und wie ich zuletzt gehört habe, ist sie heute noch gesund. Ich erhebe diesen Namen Jesus! Durch den Namen Jesus haben wir praktisch jede bekannte Krankheit und jedes Leiden geheilt gesehen außer dem Aussatz. (Und ich glaube, auch Lepra wird sich diesem Herrschernamen Jesus unterwerfen, wenn wir eine Gelegenheit bekommen, für Aussätzige zu beten!)

»In meinem Namen werden sie böse Geister austreiben, in neuen Zungen reden, Schlangen vertreiben, und wenn sie etwas Tödliches trinken, wird's ihnen nicht schaden; auf Kranke werden sie die Hände legen, so wird's besser mit ihnen werden« (Mark. 16, 17. 18).

Du hast die Salbung

1. »Die Salbung, die ihr von ihm empfangen habt, bleibt in euch« (1. Joh. 2, 27). Du hast die Salbung in dir. Dies ist eine biblische Tatsache, die jeden Tag dieselbe bleibt.

2. Was ist die Salbung? Sie ist jene übernatürliche, energiegeladene innere Kraft, die das geisterfüllte Leben wirksam und fruchtbar macht. Wenn du die Taufe im Heiligen

Geist empfangen hast, besitzt du die Salbung, und sie bleibt in dir!

3. Jesus, unser Meister, war der Gesalbte, als er über diese Erde ging: »Der Geist des Herrn ist bei mir, darum weil er mich gesalbt hat, zu verkündigen das Evangelium den Armen; er hat mich gesandt, zu predigen den Gefangenen, daß sie los sein sollen, und den Blinden, daß sie frei und ledig sein sollen, zu verkündigen das Gnadenjahr des Herrn« (Luk. 4, 18. 19). Alle Heilungen und Befreiungen Jesu wurden durch seine Salbung bewirkt. »Gott hat Jesus von Nazareth gesalbt mit heiligem Geist und Kraft; er ist umhergezogen und hat wohlgetan und gesund gemacht alle, die vom Teufel überwältigt waren, denn Gott war mit ihm« (Apg. 10, 38).

4. Schätze diese Salbung. Diese heilige, ausgezeichnete Eigenschaft macht uns dynamisch für unseren Herrn. Diese Salbung versetzt uns in die Lage, Ergebnisse wie bei Jesus in unserem Leben zu sehen. Diese Salbung gibt uns Autorität, im Namen Jesu gegen satanische Mächte zu sprechen.

5. »Du salbst mich mit frischem Öl« (Ps. 92, 11). Die Schrift benutzt Öl als ein Bild des Heiligen Geistes. Äußere diese heiligen Wor-

te mit David: »Du salbst mich mit frischem Öl!« Am Pfingsttag wurden sie alle mit dem Heiligen Geist erfüllt (Apg. 2, 4); später wurden dieselben Jünger wieder mit dem Heiligen Geist erfüllt (Apg. 4, 29 – 31). Wir brauchen frische Salbungen und Erfüllungen mit dem Geist.

6. »Ihr aber, meine Lieben, erbauet euch auf euren allerheiligsten Glauben und betet im heiligen Geist« (Jud. 20). Dieses »Beten im Heiligen Geist« ist wirkliches, inbrünstiges, gesalbtes Beten, das unseren Glauben auferbaut.

7. »Doch ihr habt die Salbung von dem, der heilig ist« (1. Joh. 2, 20). Ich begehre diese Salbung, die in mir bleibt. Ich überlasse mich täglich dem Heiligen Geist, daß er meinem Dasein frisches Öl verleiht. Ich bekenne: »Ich habe die Salbung. Sie bleibt in mir. Sie ist Gottes Gabe. Ich halte die Salbung fest durch ein Leben reicher Gemeinschaft mit meinem Herrn.«

Kapitel XIII

Das Heilmittel für Krebs

Heilung gehört uns. Sie ist nicht etwas, worum wir Gott bitten müssen, sondern etwas, das er uns schon gegeben hat. Aber Glaube ist der Katalysator. Ohne Glauben an das, was er sagt, werden wir nicht fähig sein, die Heilung in Anspruch zu nehmen, die uns rechtmäßig gehört.

Vor vielen Jahren gründete der Engländer William F. Burton die Belgisch-Kongo-Mission. Diese Mission eröffnete großartige Möglichkeiten für Christus in Afrika.

Mr. Burton wurde krank, aber er wußte nicht, wie umfangreich oder ernst seine Krankheit war. Die Ärzte im Kongo, heute Zaire, trafen Vorbereitungen für eine Operation. Während der Operation stellte der Chirurg fest, daß Burton völlig verkrebst war.

Sein Chirurg, zugleich ein Freund von ihm, brachte Mr. Burton die Nachricht schonend bei. »Leider können wir nichts für dich tun«, sagte er traurig zu Burton. »Der Krebs ist zu weit fortgeschritten. Wir können auch nicht einfach radikal operieren und versuchen, den Krebs zu beseitigen. Du sollst wissen, daß du nur noch etwa ein Jahr zu leben hast. Falls du gerne nach England zurückkehren möchtest, um deine Familie zu besuchen, solltest du das einplanen, solange du noch stark genug bist, die Reise zu unternehmen.«

William Burton gab seine Zustimmung, etwa einen Monat zu warten, bevor er nach England zurückging. Er hatte so lange im Kongo gelebt und liebte das kongolesische Volk so innig, daß er sich vor der Abreise fürchtete. Er beabsichtigte, durch das Land zu reisen, das er so sehr liebte, um seinen Freunden Lebewohl zu sagen.

Überall, wohin er kam, war ihm die traurige Nachricht von seiner Krankheit und seiner unmittelbar bevorstehenden Abreise vorausgeeilt. Unter Tränen gaben sich seine kongolesischen Freunde alle Mühe, ihm ihre Liebe und ihr Mitgefühl zu zeigen.

Eines Abends saß Burton wie gewöhnlich in seinem Schlafzimmer und las die Bibel. Er las gerade Jes. 53, als ihm die Worte »durch seine Wunden sind wir geheilt« ins Auge sprangen, die ihm das Leben retten sollten. In dem Bewußtsein, daß er bis zu diesem Zeitpunkt versäumt hatte, danach zu fragen, was *Gott* für sein Leben plante, fiel Mr. Burton auf die Knie und bat um Vergebung, weil er die Anordnung des Chirurgen sofort befolgt hatte. Er selbst hatte versäumt, das Wort zu gebrauchen. Die Worte, die er sich selbst wiederholt hatte, waren nicht Worte vom Sieg durch Jesus gewesen. Es waren die Worte des Chirurgen. Er beschloß, Gott zu bitten, das »letzte Wort« in seinem Fall zu sprechen.

Wenn seine kongolesischen Freunde ihn nun zu trösten versuchten, sagte er einfach: »Ihr habt das Neueste noch nicht gehört. Durch seine Wunden bin ich geheilt.« Immer wieder festigte er seinen Glauben durch die Worte, die er sprach. William Burton hatte sich entschieden, Gott zu glauben.

Noch immer plante Mr. Burton, nach England zurückzukehren. Er ging nun jedoch nicht, um seiner Familie Lebewohl zu sagen. Stattdessen plante er, sich auszuruhen und seine Kraft wiederzuerlangen, um so in der Lage zu sein, in den Kongo zurückzukehren und des Herrn Werk weiterzuführen. Wenn seine Familie und seine Freunde ihm voller Sorge gegenübertraten, vertrat er mutig weiter seinen Standpunkt: »Durch seine Wunden bin ich geheilt.«

Etwa sechs Monate nach Burtons Rückkehr nach England, als statt der erwarteteten Verschlechterung eine Besserung seines Gesundheitszustandes eingetreten zu sein schien, beschlossen Burtons englische Ärzte, ihn nochmals zu untersuchen. Sie hatten den medizinischen Befund über ihn aus dem Kongo erhalten.

Zum Erstaunen der Ärzte und aller anderen außer Mr. Burton, bestätigte die Untersuchung Burtons eigene Behauptung: »Durch seine Wunden bin ich geheilt.« Er hatte recht. Seine Behauptung war in seinem Fall das letzte Wort des Himmels. Absolut keine Spur von Krebs blieb zurück.

William Burtons Heilung hatte weitreichende Auswirkungen. Er kehrte zu seiner Mission in Belgisch-Kongo zurück und tat dort seine Arbeit viele Jahre lang. Seine Heilung war in mächtigerer Weise ein Zeugnis für die Afrikaner als all sein Predigen vorher.

Die Wunden, die Jesus für unsere Heilung erlitt, wurden durch eine grausame Bestrafungsart, die sogenannte Geißelung, beigebracht. Die Historiker sagen, daß sie mit der bekannten »neunschwänzigen Katze« ausgeführt wurde. Diese Geißelung fand kurz vor seiner Kreuzigung statt (Matth. 27, 26).

Die neunschwänzige Katze ist ein schreckliches Werkzeug zur Bestrafung. Kleine Metallstücke sind in jeden einzelnen Riemen eingeflochten. Die römische Geißelung mit dieser Peitsche übertraf alle anderen Methoden der Bestrafung. Sie war möglicherweise schlimmer, als an ein Kreuz genagelt zu sein und dem Tode überlassen zu werden. Sie war so furchtbar, daß der Verurteilte oft schon starb, während er geschlagen wurde.

Man band unserem Heiland die Hände hoch über dem Kopf zusammen. Dann schlug ein kräftiger römischer Soldat mit aller Kraft Jesus mit dieser Peitsche. Neunundreißigmal traf seine neunschwänzige Katze das Fleisch unseres Herrn, so daß seine Rippen und die Knochen seines Rückens freigelegt wurden.

Bei diesen neunundreißig Schlägen, die seinen Rücken in Fetzen zerschnitten, nahm Jesus *unser* Elend, *unseren* Schmerz und *unsere* Krankheiten auf sich. Er erlitt die Todesangst einer jeden nur erdenklichen Krankheit. Er litt so, daß das Leiden jedes einzelnen von uns gelindert werden kann, so daß wir sagen können: »Durch seine Wunden bin ich geheilt.«

Diese Heilung ist nicht etwas, das zustandekommt, wenn du die Worte sagst oder betest. Es ist etwas das *schon* vollbracht ist! Wie du gerettet wurdest in der Minute, als du Jesu Sühne am Kreuz annahmst, so kannst du in derselben Minute geheilt werden, in der du wirklich erkennst, daß Jesus den Preis für deine Heilung schon bezahlt hat.

Die Geißelung und Kreuzigung Jesu war nicht angenehm. Sie war unmenschlich; man könnte sie als bestialisch bezeichnen. Was wir uns aber immer vor Augen halten sollten, ist, daß Jesus schon früh in seinem Leben wußte, wie sein Ende auf dieser Erde aussehen würde. Doch er liebte uns so sehr, daß er ohne zu zögern auf das Kreuz zuging, so daß wir, die wir ihm gehören, immer wieder sagen können: »Durch seine Wunden bin ich geheilt.«

Henry Gallers aus Wanganui, Neuseeland, gab mir kürzlich folgenden ergreifenden Bericht, als ich in Übersee Feldzüge durchführte:

»Am 25. April 1952 hatten einige Gläubige eine Warteversammlung in Wanganui. Diese Art Versammlung folgt oft einer formellen Versammlung. Die Betonung der Predigt an jenem Abend hatte auf dem Heiligen Geist gelegen. Es war herausgestellt worden, daß kein Lehrer so kraftvoll sei wie der Heilige Geist. Er allein erforsche die Tiefen der Gottheit und offenbare sie uns.

Ein junger Bursche von fünfzehn Jahren hatte den Heiligen Geist empfangen, und Freude erfüllte die Versammlung. Als seine Mutter den Jungen ansah, war sie jedoch verwirrt. Er schien alles andere als freudig zu sein. Sein Gesicht sah schmerzlich verzerrt und blaß aus. Sie wunderte sich über sein ungewöhnliches Aussehen.

Später erklärte dieser Junge, was mit ihm geschehen war. Während er an das große Opfer gedacht hatte, das Jesus für ihn gebracht hatte, bekam er eine Vision der Geißelung Jesu. Darum war er nicht so freudig. Er sah unseren Herrn so an seinen Handgelenken hängen, daß seine Füße eben noch den Boden berührten. Er sah, wie der römische Soldat Jesus den ersten Schlag mit der erwähnten Peitsche versetzte.

Dieser junge Mann hatte wie viele andere Menschen die Vorstellung gehabt, daß Jesus, weil er demütig war, ein zerbrechlich und schmächtig aussehender Mann gewesen sein mußte. Doch keineswegs! Die Kilometer, die Jesus über die heißen, staubigen Hügel von Galiläa schritt, erforderten einen starken und tüchtigen Körper. Auch vergessen die Leute manchmal, daß Jesus erst dreiunddreißig Jahre alt war, als er gekreuzigt wurde. In seiner Vision sah der Bursche Jesu jungen Rücken und seine starken, muskulösen Schultern, kräftig genug, um das schwere Kreuz zu tragen. Jedoch ganz gleich, wie stark sein Körper war, die neunschwänzige Katze schnitt in ihn ein und peinigte ihn, wie sie dich und mich peinigen würde. Der Hieb des römischen Soldaten schnitt an jenem Tag eine tiefe Furche quer über Jesu Rücken. Er riß sein Fleisch auf, und verspritzte sein Blut. Doch Jesus war imstande, das zu ertragen.

Die Vorstellungen des Jungen über die Geißelung Jesu waren vorher recht begrenzt gewesen. Als er zum Beten niederkniete, hatte er wirklich überhaupt keine Ahnung gehabt, was Geißelung eigentlich war. Unerwartet jedoch erschien vor seinen geschlossenen Augen nun eine symbolische Vision davon, was auf geistlicher Ebene Jahrhunderte vorher geschehen war.

Vor seinem inneren Auge sah er eine große Volksmenge dastehen. Es war nicht derselbe Menschenauflauf wie bei jener Auspeitschung in Jerusalem. Vielmehr sah er eine große Menge von Krüppeln und Kranken stehen. Einige hatten Krücken, einige andere Hilfsmittel. Er sah nur einen der neununddreißig Schläge, die unser Herr erhielt. Aber als die Peitsche von jenem einschneidenden Schlag zurücksauste, flogen Fleischfetzen und Blutspritzer über die Menge. Wunder aller Wunder, Gott gebührt die Ehre, überall, wo das winzigste Stück Fleisch oder

der kleinste Blutspritzer hinfiel, wurde die Person, die damit in Berührung kam, sofort geheilt; sie wurde vollkommen gesund!

Die Menschen warfen ihre Krücken weg und gingen umher, wobei sie ihre Heilung demonstrierten. Hier wurde der Leib gebrochen und das Blut vergossen für ihre Heilung.

Das kleinste Tröpfchen Blut von diesem Schlag hatte die Kraft zu heilen. Wenn du weißt, daß Jesus nicht nur einen, sondern neununddreißig Schläge ertrug, und du dir des Leidens bewußt bist, das er überstand, kannst du dir die Heilungskraft vorstellen, die *jetzt noch* für alle die fließt, die einfach sagen und es auch meinen: »Durch seine Wunden bin ich geheilt.« Die Vision des Burschen war symbolisch. Er sah nicht dieselbe Menge, die Zeuge seiner Auspeitschung gewesen war. *Wir* waren unter den Kranken und Verkrüppelten, die durch seine Wunden geheilt sind.

Als der Junge von seinen Knien aufstand, überflutete Freude sein Gesicht. Nicht länger verweilte er bei dem Blut und den offenen Wunden Jesu. Er verweilte bei der Liebe, die Jesus für uns hat; denn indem er zuließ, daß sein Blut vergossen wurde, machte er die Heilung für uns alle möglich.«

Manche Leute mögen meinen, daß ich das Zitat »Durch seine Wunden bin ich geheilt« zu sehr betone, aber darüber weiß ich zwei Dinge: Erstens sagt es die Bibel, und zweitens mußt du als Kind Gottes sagen, was die Bibel sagt, um die Auswirkungen zu sehen, die die Bibel verspricht. Du mußt deinen Glauben in Worte umsetzen. Weil Jesus so sehr um mich besorgt war, daß er sich dieser grausamen Auspeitschung unterwarf und dann seinen Leib dahingab, um für mich an jenem Kreuz auf dem Hügel Golgatha zu hängen, habe ich mich entschlossen, ihm zu folgen. Ich weiß, daß eine solche Nachfolge mich nicht nur hier für eine kurze Zeit führen wird, sondern, was viel wichtiger ist, für die Zeit danach in die Ewigkeit. Ich bin ebenso wie du erkauft durch das Blut.

Du mußt es dir zur Gewohnheit machen, Gottes Wort zu zitieren. Diese Art zu sprechen wird eine Lebensgewohnheit für dich werden. Der Heilige Geist wird jeden Tag in dir leben. Gottes Gnade wird in deinem Leben sichtbar werden. Und es wird zu eindrucksvollen Ergebnissen führen.

Kürzlich gaben mir Mr. und Mrs. Jens Jensen, früher Pastoren in Linn Grove, Iowa, folgendes Zeugnis: »Eines Nachmittags saßen wir und unsere 14jährige Tochter in unserem Wohnzimmer. Wir sprachen über die Güte Gottes und beteten ihn während des Gesprächs laut an.

Esther saß in ihrem Rollstuhl. Sie hatte zwei Jahre lang an Knochentuberkulose gelitten. Offene Wunden vom Knöchel bis zum Oberschenkel ließen stellenweise die Knochen hervortreten. Sie hatte über ein Jahr im Bett gelegen, und oft waren Wundstellen an ihrem ganzen Körper aufgebrochen. Nun hatte es zeitweilig nachgelassen. Es schien ihr irgendwie besser zu gehen und sie war imstande, den größten Teil des Tages in ihrem Stuhl zu verbringen.

An diesem Tag beteten wir nicht direkt für Esthers Genesung, obwohl wir das viele Male in der Vergangenheit getan hatten. Wir sagten nur, daß wir das Vorrecht hätten, ihm zu gehören. Ohne es geplant zu haben, wurden wir geleitet, zu Esthers

Stuhl zu gehen und ihr die Hände auf den Kopf zu legen. An diesem Nachmittag war der Heilige Geist so real für uns alle, daß wir seine Gegenwart spüren konnten. Wir fühlten geradezu, daß etwas Wunderbares in unser aller Leben geschah.

Von diesem Nachmittag an wurden wir Zeugen einer beständigen Veränderung bei Esther. Sie wurde nicht auf dramatische Weise geheilt, doch Gott nahm ganz gewiß ihre Heilung in die Hand. Die wunden Stellen begannen zu heilen, bis sie allmählich alle geschlossen waren. Schließlich war sie fähig, ihren Rollstuhl zu verlassen und im Haus umherzugehen. Dann — zur Ehre Gottes — kam der Tag, wo sie ganz auf jede Hilfe verzichten und wieder das normale Leben eines Teenagers führen konnte. Die Narben sind noch da, um uns an Gottes Erbarmen zu erinnern, aber heute ist Esther gesund, glücklich verheiratet und Mutter unserer beiden Enkel. Wundern Sie sich, daß wir den Herrn unablässig preisen?«

Wie freut es Gott, uns Worte sagen zu hören, die seine Güte widerspiegeln und unsere Treue zu Jesus Christus, unserem Herrn und Heiland, ausdrücken.

Du magst die großen Wahrheiten des Wortes lesen, Wahrheiten, die verheißen, daß Gesundheit und Heilung dir gehören können. Du magst sagen: »Ich glaube, daß sie wahr sind.« Doch du mußt diese Verheißungen für *dich selbst* in Anspruch nehmen, nach ihnen handeln und über sie sprechen, um einen Nutzen daraus zu ziehen.

Gott legte deine Krankheiten auf Jesus. »Welcher unsere Sünden selbst hinaufgetragen hat auf das Holz an seinem Leibe, auf daß wir, der Sünde abgestorben, der Gerechtigkeit leben, durch welches

Wunden ihr seid heil geworden« (1. Petr. 2, 24). Er sagt: »Ihr seid heil *geworden.*« Vergangenheit. Du *bist* schon geheilt *worden.* So gehört dann nicht die Krankheit zu dir, sondern du besitzt Gesundheit. Es ist beispielsweise nicht länger *deine* Arthritis; es ist die Arthritis des *Teufels!* Satan brachte Sünde und Krankheit in diese Welt, aber er muß sich der Autorität des Namens Jesu unterwerfen und die Krankheit muß weichen. Er kann dich nicht länger mit seinen Krankheiten behaften.

Vorausgesetzt, du bist ein wiedergeborener Gläubiger, dann kannst du vertrauensvoll sagen: »Durch seine Wunden bin ich geheilt.«

Was du tun mußt, wenn dir die Hände aufgelegt wurden

1. Du hast nach Jesu Worten gehandelt: »Die Zeichen aber, die da folgen werden denen, die da glauben, sind die: ...auf Kranke werden sie die Hände legen, so wird's besser mit ihnen werden« [engl. wörtl.: »...und sie werden genesen.«] (Mark. 16, 17. 18). Du magst als Gläubiger dir selbst schon die Hände aufgelegt haben für Heilung, oder ein anderer Gläubiger hat dir die Hände aufgelegt. In beiden Fällen kannst du große Zuversicht haben, daß sich erfüllen wird, was Jesus verheißen hat, denn er wacht über seinem Wort, daß er es tut. Dies ist ein sehr positives Versprechen: Du wirst gesund. Jesus sagte

nicht: »Du dürftest gesund werden« oder »Hoffentlich wirst du gesund« oder »Heilung ist möglich«. Nein! Ohne Abstriche erklärte Jesus: »Du wirst gesund!« Preise den Herrn, daß du jetzt gesund wirst!

2. Wenn du nicht sofort ein Wunder empfangen hast, wirf dein Vertrauen nicht weg. Als Jesus auf dieser Erde ging, heilte er Menschen auf verschiedene Weise: viele wurden augenblicklich geheilt; andere wurden nach und nach geheilt. Ob du augenblicklich geheilt wirst oder ein allmählicher Besserungsprozeß eingesetzt hat, du kannst deinen Weg mit Zuversicht gehen und ihm danken, daß er dir sein Wort hält.

3. Fange an, deine Heilung zu bezeugen. »Meine Genesung hat eingesetzt. Jesus hat es gesagt, und ich glaube seinem Wort. Ich gehe nicht danach, wie ich aussehe, wie ich mich fühle oder wie andere über mein Aussehen denken. Ich habe Jesu Wort für bare Münze genommen. Ich werde gesund«.

4. Jakobus Kapitel eins erklärt, daß, wenn du Gott um etwas bittest, du im Glauben bitten mußt und nicht zweifeln darfst. »Denn wer da zweifelt ... denke nicht, daß er etwas von dem Herrn empfangen werde.« *Etwas* schließt Heilung ein. Deine Rolle in dieser Glaubenstat ist es, unerschütterliches Ver-

trauen darin zu besitzen, daß der Herr sein Wort halten wird. Wenn du in deinem Glauben schwankst, dann versagst du dir selbst des Herrn Heilung. Zweifle nicht in deinem Bekenntnis des Glaubens. Bekenne: »Durch seine Wunden bin ich geheilt.«

5. Bis sich deine Heilung voll bestätigt hat, bist du in einen Glaubenskampf verwickelt. Es ist kein Kampf gegen Gott oder sein Wort, sondern ein Kampf gegen den Dieb, der kam, »daß er stehle, würge und umbringe« (Joh. 10, 10). Gebrauche in diesem Konflikt die Waffen deiner Kriegführung, die durch Gott mächtig sind, satanische Bollwerke niederzureißen. Bekenne kühn und unerschütterlich: »Durch seine Wunden bin ich geheilt.«

6. Handle wie ein Genesender. Beginne Dinge zu tun, die du vorher nicht tun konntest. Preise den Herrn, daß du gesund wirst. Wenn andere dich über deinen Zustand ausfragen, teile ihnen einfach die Tatsache mit, daß du gesund wirst, weil Jesus es gesagt hat.

7. Der Teufel möchte nicht, daß du gesund wirst. So sollst du mit ihm verfahren: »Satan, ich widerstehe dir im Namen Jesu, denn es steht geschrieben: › Auf Kranke werden sie die Hände legen, so wird's besser mit ihnen werden. ‹ In Jesu mächtigem Namen, ich werde gesund!«

8. Gott sieht die Person nicht an. Tausende von Menschen sind durch den Dienst der Handauflegung geheilt worden. Was Gott für andere getan hat, tut er auch für dich! Preise ihn jetzt für deine Heilung!

Kapitel XIV

Wie du nicht bekommst, was du sagst

Ich erinnere mich an eine Zeit am Anfang meines Dienstes, als meine Gebete unbeantwortet blieben und der Weg des Geistes sich nicht klar manifestieren konnte. Ich entdeckte den Grund dafür: ich hatte geistliche Blockaden in mir, die das Handeln des Heiligen Geistes verhinderten.

Mein Problem war sehr ernst. Ein älterer Prediger hatte es anscheinend darauf angelegt, meinen Dienst zu zerstören. Er verursachte mir einen Kummer nach dem andern, indem er mir falsche Anklagen an den Kopf warf und unwahre Geschichten über mich verbreitete. Ich war ganz unglücklich.

Eines Tages kam mich ein befreundeter Prediger besuchen. »Don«, sagte er, »ich verstehe, was diese Anklagen dir und deinem Dienst antun. Ich werde dir diesen Scheck geben und möchte, daß du dieses Geld dazu verwendest, eine Gegendarstellung auf die unwahren Anklagen zu veröffentlichen, die dieser Mann gegen dich vorbringt. Er *ruiniert* dich.«

Ich gab meine Zustimmung. Mehrere Tage lang arbeitete ich ein Rechtfertigungsschreiben aus, welches offen enthüllen sollte, daß dieser Mann ein Lügner und falscher Ankläger, ein Rufmörder war. Während der ganzen Zeit, als ich innerlich mit diesem Prediger grollte und Tatsachen aufs Papier zu bringen versuchte, die mich entlasten sollten, war ich in Unruhe. Ich hatte keinen Frieden. Selbst meine Gebete schienen nur von den Lippen zu kommen und nicht von meinem Herzen.

Schließlich brach ich unter der Last dieser falschen Geister zusammen. Ich begegnete Gott in einer Zeit tiefen Gebets, als ich eingestand, daß es nicht der Heilige Geist war, der in jenen Tagen in meinem Leben wirkte, als ich persönliche Vergeltung suchte. Ich betete, daß der Heilige Geist mich durch diese Dunkelheit leiten möge.

Der Heilige Geist zeigte mir, daß ich im Unrecht gewesen war. Da änderte sich meine Haltung. Anstatt jenen Mann zu hassen und zu versuchen, mit ihm abzurechnen, wurde ich aufs neue mit dem Heiligen Geist erfüllt. Ich entdeckte, daß der Heilige Geist mein Herz mit Gottes Liebe gefüllt hatte. Jetzt konnte ich klar denken und diesen Mann mit Gottes Augen der Freundlichkeit, der Vergebung und sogar des Mitgefühls sehen. Das war eine der größten übernatürlichen Erfahrungen, die ich je hatte: der Geist des Herrn machte mich fähig, dem Mann vollständig zu vergeben, während ohne den Geist ich ihn haßte, mit ihm abrechnen wollte und jeden Grund hatte, böse Gefühle zu hegen.

Die Bibel sagt uns, daß Rache Gottes Angelegenheit ist: »Rächet euch selber nicht, meine Lieben, sondern gebet Raum dem Zorn Gottes; denn es steht geschrieben: ›Die Rache ist mein; ich will vergelten, spricht der Herr‹« (Röm. 12, 19). Gott rächt sich an unseren Feinden, weil er gerecht ist und weil er uns liebt. Eine unversöhnliche Haltung ist jedoch so zerstörerisch, daß wir gewarnt werden: Selbst *wenn* Gott Rache an unseren Feinden nimmt, dürfen wir nicht darüber glücklich sein! »Freue dich nicht über den Fall deines Feindes, und dein Herz sei nicht froh über sein Unglück; der Herr könnte es sehen und Mißfallen daran haben und seinen Zorn von ihm wenden« (Spr. 24, 17. 18).

Als ich plante, den Prediger, der mir Unrecht getan hatte, zu widerlegen, war ich Jesu Gebot ungehorsam: »Widerstrebt nicht dem Übel; sondern, wenn dir jemand einen Streich gibt auf deine rechte Backe, dem biete die andere auch dar« (Matth. 5, 39). Aber ich war nicht nur einem ausdrücklichen Gebot Gottes ungehorsam, sondern machte es ihm auch unmöglich, mir zu vergeben, denn »wenn ihr den Menschen ihre Übertretungen vergebt, so wird euch euer himmlischer Vater auch vergeben. Wenn ihr aber den Menschen nicht vergebt, so wird euch euer Vater eure Übertretungen auch nicht vergeben« (Matth. 6, 14. 15). Kein Wunder, daß meine Gebete keine Wirkung zeigten! Jesus sagte: »Und wenn ihr steht und betet, so vergebt, wenn ihr etwas wider jemand habt, auf daß auch euer Vater im Himmel euch vergebe eure Übertretungen« (Mark. 11, 25).

Haß, Ärger, Neid, Unversöhnlichkeit und ähnliche Gefühle schaden *uns* mehr als dem, der uns Unrecht getan hat. Deshalb, wenn unser Glaube stark ist und unser Gebet anhaltend, gibt es nur eines, was der Beantwortung des Gebetes im Wege stehen kann, und das ist unbereute Sünde. Jes. 59, 1. 2 sagt: »Siehe, des Herrn Arm ist nicht zu kurz, daß er nicht helfen könnte, und seine Ohren sind nicht hart geworden, so daß er nicht hören könnte, sondern eure Verschuldungen scheiden euch von eurem Gott, und eure Sünden verbergen sein Angesicht vor euch, daß ihr nicht gehört werdet.« Welch ein schrecklicher Zustand für einen Christen, wenn er unfähig ist, mit Gott zu reden!

Wenn wir begreifen, was der Groll uns antut, dann verstehen wir, wie viel besser es für uns ist, unsere Feinde mit einem Mord davonkommen zu lassen und ihnen zu vergeben, als einen Groll zu hegen und uns selbst von Gott abzuschneiden. Gott kennt das Herz unseres Feindes — wenn die Kränkung absichtlich war, wird Gott es vergelten.

Wenn du einmal die Zerstörungsmacht des »Abrechnens« verstehst, wirst du imstande sein, Gott zu bitten, dich vor Groll in jeder Form zu bewahren. Daß es möglich ist, wahrhaft von diesen Gefühlen frei zu sein, weiß ich nicht nur aus eigener Erfahrung, sondern auch aus der Schrift. In Apostelgeschichte 13 haben wir den Bericht von zwei standhaften Dienern Gottes, beides geisterfüllte Männer. Paulus und Barnabas predigten und lehrten in Antiochien. Paulus erzählte dort den Heiden, daß er und Barnabas nach Antiochien gekommen seien, weil Gott sie dorthin gesandt habe, um ihnen ein Licht zu sein, damit das Heil bis an das Ende der Erde gelangen solle. Da das die Heiden hörten, wurden sie froh und rühmten Gott, und alle, die glaubten, empfingen den Geist und wurden verordnet zum ewigen Leben. Die Juden jedoch hetzten die gottesfürchtigen und angesehenen Männer und Frauen gegen Paulus und Barnabas auf und trieben sie aus der Stadt. Paulus und Barnabas gingen und *wurden voll Freude und Heiligen Geistes!*

Paulus und Barnabas hatten kein Verlangen nach Rache. Das geisterfüllte Leben sucht das nicht, stattdessen aber strahlt es voller Freude die Gegenwart Gottes im Innern aus. Die Worte des Paulus waren mutig für Christus. Weil er solche Worte sprach, begegnete man ihm mit Verachtung und Ablehnung. Er wußte jedoch, daß der Heilige Geist Kraft verheißen hatte, und so zögerte er niemals, das Wort zu sprechen. Das wird dir geschehen, wenn dich der Geist erfüllt.

Wie man Unversöhnlichkeit überwindet

Mache dies zu einem persönlichen Glaubensbekenntnis. Was du bekennst, wirst du besitzen. Wenn du das sagst, was Gott über dieses lebenswichtige Thema sagt, wirst du besitzen, was er für dich vorgesehen hat: die göttliche Fähigkeit, jedem zu vergeben.

1. Wenn ich den Menschen ihre Übertretungen vergebe, wird mein himmlischer Vater auch mir meine Übertretungen vergeben (Matth. 6, 14). Aber wenn ich den Menschen ihre Übertretungen nicht vergebe, dann werden mich weit ernstere Folgen treffen, als ich mir vorgestellt habe: »So wird dir dein Vater deine Übertretungen auch nicht vergeben« (Matth. 6, 15).

2. Wenn ich in meinem Herzen Unversöhnlichkeit anderen gegenüber habe, ganz gleich, was sie mir antun, öffne ich damit mein Herz, um sieben andere Geister einzulassen, die schlimmer sind als die Unver-

söhnlichkeit (Luk. 11, 26). Hier sind sieben andere Geister, die mit der Unversöhnlichkeit verwandt, aber noch schlimmer sind:

Ärger,
Feindschaft,
Groll,
Bosheit,
Vergeltung,
Bitterkeit,
Haß.

3. Wenn ich diese Liste von sieben anderen Geistern untersuche, stelle ich fest, daß sie fortlaufend schlimmer werden. Wie kann ich von Unversöhnlichkeit befreit werden? Wie kann ich diesen verkehrten Geistern in Jesu Namen widerstehen, so daß sie mich verlassen müssen? Ich kann mit anderen »freundlich, herzlich sein und ihnen vergeben, gleichwie Gott mir vergeben hat in Christus« (Eph. 4, 32). Freundlichkeit ist eine Frucht des Geistes. Wenn sie mit Herzlichkeit verbunden ist, macht sie mich fähig, allen, die mir Unrecht getan haben, zu vergeben, so wie Gott mir um Jesu willen vergeben hat.

4. Wenn ich mit jemand einen Streit habe, muß ich ihm vergeben. So wie Christus mir vergeben hat, vergebe auch ich anderen (Kol. 3, 13). Gottes Wort ist so praktisch und

kraftvoll: es zeigt mir, was zu tun ist, auch wenn ich nur in einen geringfügigen Streit verwickelt sein sollte.

5. Gottes Fähigkeit in mir, anderen zu vergeben, ist unbegrenzt. Jesus hat mir geboten, sogar »sieben mal siebzig« Mal zu vergeben. Das bedeutet, daß ich zwar nicht eine natürliche, aber eine übernatürliche Fähigkeit besitze, anderen zu vergeben.

6. Die größten Probleme, denen ich mich im Leben gegenübergestellt sehe, sind wahrscheinlich Probleme mit Mitmenschen. Ich lebe in einer Welt, wo die Verständigung untereinander zusammenbrechen kann; die Gemeinschaft kann erschwert sein; Verfolgung und Feindschaft mag mein Los sein. Aber ich kenne das Geheimnis. Ich habe die Fähigkeit, mit Gottes Liebe zu lieben. Seine Liebe wird mich befähigen, andere mit Augen der Liebe und des Mitgefühls zu sehen.

7. Ich weigere mich, mit denen unfreundlich zu sprechen, die mir Unrecht getan haben. Gott befähigt mich, zu vergeben und zu vergessen. »Sieben andere Geister« mögen oft versuchen, in mein Leben einzudringen, doch ich trotze ihnen in Jesu Namen!

8. Manche sagen: »Ich würde anderen vergeben, wenn sie mich nur um Vergebung bitten würden.« Ob sie das tun oder nicht, im Grunde meines Herzens vergebe ich und bringe alle Beleidigungen unter das Blut Jesu. Als ein Jesus-Mensch vergebe ich anderen. Durch die befreiende Kraft des Blutes Jesu bin ich frei von »sieben anderen Geistern.«

Kapitel XV

Beginne zu sprechen!

Vor etlichen Jahren war ich in Asien und arbeitete dort unter den Moslems. Ich versuchte, ihr Leben auf Jesus Christus hinzuwenden. Ich erklärte ihnen, daß Jesus der *lebendige* Sohn Gottes sei und nur durch ihn die Menschheit gerettet werden könne. Ich tat meine Arbeit dort mit ganzem Herzen. Ich versuchte wirklich, jeden Tag mit Gott zu wandeln und ihm zu gefallen, doch alles schien so schwierig für mich zu sein. Ein Klotz nach dem anderen legte sich mir in den Weg. Die Arbeit schien nicht vorwärtszugehen.

Dann kam auch noch ein Telegramm von meiner Frau in Kanada, welches recht entmutigende persönliche Nachrichten enthielt. Ich hatte es verzweifelt nötig, daß Gott alle diese Hindernisse aus dem Wege räumte, die nur er verstehen konnte. Während unser menschliches Verständnis einer gesamten Situation immer auf unseren eigenen engen Blickwinkel und auf unsere begrenzte Auffassungskraft beschränkt ist, sieht der allwissende Gott alles zugleich! Er wußte, was in Asien geschah. Er wußte, was bei meiner Familie in Kanada geschah.

Ich mußte mit Gott sprechen. Ich bat ihn, in den Vordergrund zu treten und mich in den Hintergrund zu stellen. *Ich* hatte keine Antworten auf die vielen Probleme, die mich verwirrten. Meine Gebete *hatten* Ergebnisse. Mein eigenes Leben kam zur Ruhe, als ich darin Gott vertraute, daß er die Probleme meiner Familie in Ordnung brachte und daß er sich um meine begrenzten Versuche, die Moslems zu erreichen, kümmerte. Und er tat es.

Vor ein paar Tagen fand ich unter meinen Papieren das Notizbuch, in das ich meine Gebetsanliegen niedergeschrieben hatte, um meinem himmlischen Vater die verzweifelte Not, die mich zu der Zeit bewegte, vorzulegen. Ich hatte aus Ps. 116, 1 aufgeschrieben: »Ich liebe den Herrn, denn er hört die Stimme meines Flehens.«

Wie fühlst *du* dich, wenn du jemand liebst, den du kennst? Wenn es dir gänzlich verboten wäre, mit dieser Person zu sprechen, wie traurig würdest du sein! Wenn die Beschränkung aufgehoben würde und es dir wieder gestattet wäre, mit ihr zu sprechen, wie würdest du dich darüber freuen! Genauso verhält es sich mit unserer Beziehung zu Gott, wenn wir ihn wirklich lieben. Wenn wir ihn lieben, möchten wir mit ihm reden. Wir möchten seine Hilfe in unserem Leben in Anspruch nehmen. Wir möchten ihn *wissen* lassen, wie sehr wir ihn lieben, ebenso wie wir unsere Lieben auf der Erde wissen lassen möchten, wie sehr wir *sie* lieben. Wir möchten ihn beschenken, so wie wir unsere Lieben hier beschenken möchten. Wir möchten anderen von seinen wundervollen Eigenschaften erzählen, so wie wir mit Stolz die außerordentlichen Eigenschaften derer bekannt machen, die wir hier lieb haben. Doch mehr als alles möchten wir ihm nahe sein, mit ihm reden, auf ihn hören, wenn wir ihn wirklich lieben. Solches »Reden mit Gott« ist das Beten.

Als ich ein Junge war, betete ich zu Gott, daß er unsere Familie zusammenhielte. Obwohl eher das Gegenteil einzutreffen schien, tat der Herr genau das! Unsere Familie, von ständiger Auflösung und Scheidung bedroht, wurde nur aufgrund der beantworteten Gebete zusammengehalten. Ich bat den Herrn, alle meine Familienangehörigen zu retten; sie wurden von vielen als hartgesottene Sünder, gleichgültig und unempfänglich angesehen, Kandidaten, bei denen es unwahrscheinlich sei, daß sie jemals dem Herrn gegenüberstehen würden! Doch gerade Sünder zu retten wie meine Familienangehörigen ist Jesu Spezialität. Wenn der Herr durch Gebet *meine* Familie rettete, kannst du Mut fassen, daß *deine* Familie, wenn sie auch noch so hartherzig ist, für Jesus Christus gewonnen werden kann.

Als junger Baptistenprediger betete ich inständig dafür, daß Gott aus mir einen Prediger nach seinem Willen machte. Ich wußte nicht, daß er dieses Gebet beantworten würde, indem er mich im Heiligen Geist taufen und mir einen gesalbten Befreiungsdienst in den folgenden Jahren geben würde.

Ich bat Gott, mir die Türen zu einer Radioarbeit zu öffnen und er beantwortete dieses Gebet. Er hat mir das Vorrecht und die Verantwortung gegeben, das Evangelium über Radiowellen in 89 verschiedene Länder der Welt auszustrahlen.

Wie betete ich darum, daß der Herr mich zu einem Seelengewinner machte! Ich preise ihn, daß er dieses Gebet beantwortete, indem er mich benutzte, Tausende von Menschen zu ihm zu bekehren, während ich die Freude gehabt habe, sie zum Heiland zu führen. Preis Gott für seine wunderbare Antwort auf jenes Gebet; denn das bedeutet, daß diese hinzugekommenen Seelen im Himmel bis in Ewigkeit leben werden!

Ich betete zu Gott, er möge jedes meiner Kinder dazu bringen, daß sie Jesus Christus als ihren persönlichen Retter annahmen, und er hat es getan. Sie sind alle im Wasser und im Heiligen Geist getauft.

Gebet ist nicht nur ein gesegnetes Vorrecht, sondern wir machen die Erfahrung, wenn wir Jesus kennenlernen, daß Gebet der Lebensodem des Christenlebens ist. Wenn der Atem ausgeht, dann ist es auch mit dem Leben zu Ende. Wenn das Gebet aufhört, dann hört auch das geistliche Leben des Christen auf.

Vor einigen Jahren offenbarte mir der Heilige Geist, welche Macht und Autorität wir in Jesus haben. Während jener Zeit predigte ich täglich in Lodi und Modesto, Kalifornien, über das Radio. Damals erfuhr ich, daß Jesus uns berechtigt hat, die Werke zu tun, die er tat — in der Tat verheißt er es! Er sagt in Joh. 14, 12 – 14: »Wahrlich, wahrlich, ich sage euch: Wer an mich glaubt, der wird die Werke auch tun, die ich tue, und wird größere als diese tun, denn ich gehe zum Vater. Und was ihr bitten werdet in meinem Namen, das will ich tun, auf daß der Vater verherrlicht werde in dem Sohne. Was ihr bitten werdet in meinem Namen, das will ich tun.«

Durch die Jahre habe ich einer großen Anzahl von Gläubigen unsere Rechte und Vorrechte mitgeteilt, die wir haben, wenn wir die Autorität beanspruchen, die Jesus uns gegeben hat. Kol. 3, 17 rät: »Alles, was ihr tut mit Worten oder mit Werken, das tut alles in dem Namen des Herrn Jesus und danket Gott, dem Vater, durch ihn.« Als wir das getan hatten, wurden die Kranken geheilt. Dämonen wurden ausgetrieben, Menschen, die Gott früher abgelehnt hatten, wurden errettet. Und das alles durch das Anrufen des Namens des Herrn Jesus im Gebet.

Kein *Mensch* tut diese Dinge. Nur Jesus Christus kann das und tut es. Aber er gebraucht Menschen als Kanäle, um andere ihm zuzuwenden. Worte bewirken diese Wunder durch Christus. Wenn wir einen dieser scheinbar unabänderlichen, unerträglichen Lebensumstände antreffen, begreifen wir, welche Tragödie sich in so einem Leben abspielt. Wir werden durch den Heiligen Geist bewegt, uns dafür zu interessieren. Wir denken nach. Wir glauben. Wir reden mit Gott. Wir gehen zu seinem Thron im Gebet, unsere Worte gründen sich auf unseren Glauben, daß Gott zuhört und daß er antworten wird. Unsere Worte gehen aus, erbitten Hilfe für uns selber und für andere, die Gottes Heilung für Leib, Seele und Geist benötigen. Jesus wird unser Beistand und tritt vor Gott für die ganze Menschheit ein.

Die Zeitschrift *Logos Magazine* brachte ein Bild von Mr. und Mrs. William Hinderlider. Er dient im Ältestenrat des Angelus Temple in Los Angeles und tut Dienst an den Kranken in Krankenhäusern von Los Angeles und an Menschen, die ihn aus ganz Amerika anrufen. Er ist jetzt hundertsieben Jahre alt! Und er gibt Gott alle Ehre für sein langes Leben, in dem er im Namen Jesu hat dienen können. Er bezeugt, daß Gott Gebet erhört.

Gott möchte, daß wir unserem Herzensverlangen in unseren Gebeten Ausdruck geben! Er *weiß*, was wir brauchen, doch er wartet auf unsere Worte der Anerkennung als unseren Herrn. Er wartet auf den Ausdruck unseres Glaubens an seine Verheißungen. Er wartet, daß wir diese Verheißungen »abholen«.

Es gibt Menschen, die in ihrem Glauben »alt« werden — nicht reif, einfach »alt« — in physisch jungen Jahren. Wenn Menschen in ihrem Glaubensleben müde geworden sind, so liegt das daran, daß sie eine laue Haltung zum Gebet haben, daß es keinen Zufluß des Heiligen Geistes gibt, die Art Neubelebung, die einer Person widerfährt, wenn sie durch Gebet neue Wahrheiten sucht, neue Kraft für jeden Tag, indem sie jeden Tag zu Gott ins Gebet geht.

Menschen, die Antwort auf ihre Gebete bekommen, sind Menschen des Gebets. Oberflächlich gesehen, mag diese Schlußfolgerung einleuchtend sein. Was ich jedoch damit sagen will ist, daß Gebete ohne Antwort Rituale sein können. Gebete mit Antworten jedoch sind Anlässe der Freude und des Segens.

Wieder dreht es sich um unsere Worte. Gott ist nicht an zunehmender Beredsamkeit interessiert, wenn du öffentlich oder privat mit ihm redest. Gott ist an der Einfachheit und Aufrichtigkeit deines Glaubens an ihn interessiert. In Matth. 6, 5. 6 sagte Jesus: »Und wenn ihr betet, sollt ihr nicht sein wie die Heuchler, die da gerne stehen und beten in den Synagogen und an den Ecken auf den Gassen, auf *daß sie von den Leuten gesehen werden.* Wahrlich: Ich sage euch: Sie *haben* ihren Lohn *dahin.* Wenn du aber betest, so gehe in dein Kämmerlein und schließ die Tür zu und bete zu deinem Vater, der im Verborgenen ist; und dein Vater, der in das Verborgene sieht, wird dir's vergelten öffentlich.« Jesus sagte, daß diejenigen, die beten, um von Menschen gehört zu werden, schon ihre Belohnung empfangen haben. Denn sie haben so gebetet, daß sie von den Menschen *gehört wurden,* die sie zu beeindrucken suchten. Und das ist das *Ende* ihrer Belohnung. Jesus verdammt hier nicht öffentliche Gebete, aber er sagt: »Achte auf deine Motive, wenn du betest.«

Vor vielen Jahren hatte ich eine liebe Bekannte unter den Pfingstlern, deren Leben ein andauerndes Zeugnis für die Kraft des Lobpreises und des Gebetes war. Eines Tages, als ich voller Depressionen war und fühlte, daß ich leider in geistlicher Hinsicht Mangel litt, besuchte ich sie. An ihrer Wand befand sich ein schöner Wahlspruch mit den Worten: »Versuch es mit Preisen.« Es hatte genau den Anschein, als hätte Gott in meinem unzureichenden Zustand auf mich herabgesehen und zu mir gesagt: »Don, versuche es, indem du mich lobst.« Diese Worte redeten so klar und bewegend zu mir!

Meine Bekannte erzählte mir, daß der Spruch ihr viel in ihrem Leben bedeutet habe. Seiner Anweisung folgend, hatte sie eine praktische Formel ausgearbeitet, wie sie bei ihren eigenen Problemen und in ihren Zeiten der Bedrängnis und Entmutigung vorgehen wollte. Zuerst ging sie ins Gebet und bat den Herrn um Hilfe und Führung. Als nächstes nahm sie ihre Bibel und suchte nach einem Gedanken, der ihr in ihrer besonderen Schwierigkeit eine bestimmte Leitung geben würde. Weil die Bibel Gottes Wort ist, sprach er oft zu ihrer offenen Seele und ihrem Herzen durch einen Schriftvers. Er gab ihr Zuversicht, daß er durch ihren Glauben an ihn wirkte. Danach sprach sie ihn nie wieder in dieser Angelegenheit an. »Jeden Tag darum zu bitten sieht aus wie Zweifel an ihn«, sagte sie. »Ich erinnere ihn nur an seine Verheißung und danke ihm für die Antwort, die schon unterwegs ist.«

Diese Worte bewirkten den Unterschied im Leben dieser lieben Frau. Sie hielt sich an den Rat ihres

Spruches, nur an diese wenigen Worte. Sie brachte ihre Worte der Bitte und des Lobpreises zu Gott. Dann suchte sie sein Wort bezüglich dieser Sache. In ihrem Herzen vernahm sie, wie Gott aus seinem Wort zu ihr sprach. Danach gebrauchte sie ihre Worte nur, um Gott zu erinnern, daß sie geduldig auf seinen Willen warte. Und was sie sagte, bekam sie auch!

Es ist gut, in Zeiten der Schwierigkeit zu bitten, aber wir können auch *preisen*, wenn Gebet nichts auszurichten scheint. Solche Worte des Lobpreises erfreuen Gott, denn er merkt, daß wir damit unseren fortwährenden Glauben an ihn und unser fortwährendes Vertrauen in ihn ausdrücken. Dies war die Erfahrung des treuen Propheten Habakuk, denn er hatte gebetet: »O Herr, wie lange soll ich schreien und du willst nicht hören?« (Hab. 1, 2). Aber als er Gott zu preisen begann, wurde er im Geist erhoben, bis er sagen konnte: »Da wird der Feigenbaum nicht grünen, und es wird kein Gewächs sein an den Weinstöcken. Der Ertrag des Ölbaums bleibt aus, und die Äcker bringen keine Nahrung; Schafe werden aus den Hürden gerissen, und in den Ställen werden keine Rinder sein. Aber ich will mich freuen des Herrn und fröhlich sein in Gott, meinem Heil« (Hab. 3, 17. 18).

Viele Menschen sind »Experten« darin, Gott zu bitten, aber nicht so erfolgreiche »Empfänger« von Gott. Wenn wir den Vater um etwas bitten, dann sollten wir schon beginnen, die Antwort zu erwarten, noch bevor wir den Beweis gesehen oder gefühlt haben. Entweder wir beten in solchem Glauben, oder es ist überhaupt nutzlos zu beten, denn »Glaube ist eine gewisse Zuversicht des, das man *hofft*, und ein

Nichtzweifeln an dem, das man *nicht sieht*« (Hebr. 11, 1). Wenn wir schon die Ergebnisse *sehen* könnten, für die wir gebetet haben, müßten wir Gott nicht länger um etwas bitten. Wir müssen *glauben*, daß Gott hört, auch wenn alles um uns herum einen anderen Anschein erweckt.

Wenn du in Jesu Namen bittest, und du hast noch keine Antworten auf deine Gebete bekommen, deine Bedürfnisse sind nicht erfüllt worden, und keine übernatürlichen Werke sind für dich getan worden, so kann das bedeuten, daß du einfach eine *Form* ohne Kraft hast. Mark. 11, 25 mahnt dich, zu Gott im Gebet zu kommen mit Liebe und Vergebung in deinem Herzen: »Und wenn ihr steht und betet, so vergebt, wenn ihr etwas wider jemand habt, auf daß auch euer Vater im Himmel *euch* vergebe eure Übertretungen«. Versuche nie, es denen heimzuzahlen, die dich ausgenützt haben. Das wird deine Gebete blockieren. Reinige dich und bringe diejenigen, die dich schlecht behandelt haben, im Gebet zu Gott. Bete für jeden einzelnen direkt mit Namen und gebrauche Worte der Vergebung. Wie immer werden deine Worte diese Vergebung wahr machen. Was du oft sagst und dir selber versicherst, wird zu deinem Glauben. Dieser Glaube bestimmt deine Handlungen, und sie wiederum werden zu deiner Lebensweise.

Wenn du die Schriftstellen immer wiederholst, dann wird dieser Prozeß beginnen. Doch du mußt täglich mit Gott reden, ob es nun um die Erfüllung deiner Bedürfnisse geht, um Errettung oder um die tägliche Erfüllung mit geistlicher Kraft. Wenn du entdeckst, daß er mehr als alle anderen dein Freund ist, wirst du diese Unterhaltung nie beenden wollen, so lange er dir Atem gibt zu beten.

Die Worte, die du aussprichst, werden den Unterschied ausmachen, und du wirst davon profitieren, während du durchs Leben gehst, im Gespräch mit Gott!

Du mußt um das bitten, was du haben möchtest.

Preise den Herrn trotzdem!

»Sein Lob soll immerdar in meinem Munde sein« (Ps. 34, 1).

1. Fühlst du die Freude des Herrn in deiner Seele? Preis dem Herrn! Oder fühlst du dich innerlich leer, oder noch schlimmer, leidest du unter Depressionen? **Preise den Herrn trotzdem!** Es ist »das Lobopfer«, das du »Gott allezeit« darbringen sollst (Hebr. 13, 15). Das »Lobopfer« heißt: **Preise den Herrn trotzdem**, besonders, wenn du dich nicht danach fühlst!

2. Sind alle deine Kinder gerettet? Preis dem Herrn! Oder leben einige noch in Sünde? **Preise den Herrn trotzdem!** Gott verheißt, daß durch Glauben dein ganzes Haus gerettet werden wird (Apg. 16, 31). Wenn du Gott im voraus für ihre Errettung preist, bezeugst du damit, daß du wirklich glaubst!

---

3. Sind alle deine Rechnungen bis zum heutigen Tag bezahlt? Preis dem Herrn! Oder mußt du dich mit finanziellen Problemen herumschlagen? **Preise den Herrn trotzdem!** Lobpreis aktiviert Gottes Versprechen, viel Geld zu geben, um alle unsere Bedürfnisse zu erfüllen. Preise ihn, während du versicherst: »Mein Gott füllt **jetzt** all meinen Mangel aus« (Phil. 4, 19). Wiederhole das siebenmal: »Danke, Vater, für deinen Reichtum jetzt.«

4. Erfreust du dich guter Gesundheit? Preis dem Herrn! Oder hast du unter Krankheit zu leiden? **Preise den Herrn trotzdem!** Heilung empfangen wir durch Glauben, und Lobpreis ist die Sprache des Glaubens. »Gehe hin, dir geschehe, wie du geglaubt hast« (Matth. 8, 13).

5. Ist das Wetter schön, nach deinem Geschmack? Preis dem Herrn! Oder ist es unfreundliches Wetter? **Preise den Herrn trotzdem!** »Dies ist der Tag, den der Herr macht; laßt uns freuen und fröhlich an ihm sein« (Ps. 118, 24).

6. Hast du treue Freunde, die dich in Zeiten der Prüfung ermutigen? Dann mache es wie Paulus, der, als er auf dem Weg ins Gefängnis nach Rom seine Freunde sah, Gott

dankte und Mut faßte (Apg. 28, 15). Doch vielleicht hast du Schwierigkeiten mit Menschen, die sich gegen dich stellen, dich herabsetzen oder dich enttäuschen. **Preise den Herrn trotzdem!**

7. **Preise den Herrn trotzdem!** Warum? »Wir wissen aber, daß denen, die Gott lieben, alle Dinge zum Besten dienen, denen, die nach dem Vorsatz berufen sind« (Röm. 8, 28). Verfehle nicht Gottes Plan, indem du den Herrn nur für Dinge preist, die du als »Segnungen« bezeichnest. Sein Gebot lautet: »Seid dankbar in allen Dingen; denn das ist der Wille Gottes in Christus Jesus an euch« (1. Thess. 5, 18).

Kapitel XVI

Nichts zu fürchten
außer Furcht

Franklin Delano Roosevelt sagte dem amerikanischen Volk: »Wir haben nichts zu fürchten außer der Furcht selbst.« Seine Feststellung beinhaltet mehr Wahrheit als die meisten Menschen sich vorstellen. Weißt du, daß *Furcht* schöpferische Kraft hat? Sie hat die Kraft, das hervorzubringen, was wir fürchten, ebenso wie Glaube die Kraft hat, das hervorzubringen, was wir glauben. So sagt Hiob: »Was ich fürchtete, ist über mich gekommen.«

Allzu oft *kommt* das, was wir fürchten, über uns. Ärzte sagen uns, daß oft die Leute, die Krebs *fürchten*, Krebs *bekommen*. Sie erklären das damit, daß Krebs vielleicht teilweise psychosomatisch herbeigeführt wird. Doch ich erkläre dies so: Krebs folgt, wie alles andere, Gottes Gesetzen des Glaubens: *Was du sagst, bekommst du auch.*

Wenn du sagst: »Es wird wohl nichts daran zu ändern sein, daß ich das bekomme. Meine Mutter hatte es, meine Verwandten väterlicherseits hatten es, und ich fürchte, ich werde es auch bekommen«, dann *wirst* du »es« bekommen, was immer dein »es« sein mag. Furcht ist Glaube, daß etwas Schlimmes geschehen wird. Furcht heißt, etwas Schlimmes *glauben*. Furcht ist tatsächlich, an etwas glauben, von dem du nicht möchtest, daß es passiert. Genauso, wie wir das Wort »Glauben« gebrauchen, um auszudrücken, daß wir an etwas Gutes glauben, gebrauchen wir das Wort »Furcht«, um den Glauben an etwas Schlimmes auszudrücken. Darum schließen sich Furcht und Glaube aus.

Zweifel ist eine Form von Furcht: die Furcht nämlich, daß das, was du möchtest, nicht eintreten wird. Daß es so ist, können wir an Petrus sehen, als er auf dem Wasser ging. Petrus hatte Jesus gebeten, ihn auf dem Wasser gehen zu lassen, und Jesus hatte gesagt, er solle zu ihm kommen. Dann »ging Petrus auf dem Wasser und kam auf Jesus zu. Als er aber den Wind sah, erschrak er und hob an zu sinken, schrie und sprach: Herr, hilf mir. Jesus aber reckte alsbald die Hand aus und ergriff ihn und sprach zu ihm: O du Kleingläubiger, warum zweifeltest du?« (Matth. 14, 29 – 31). Hier »fürchtete sich« Petrus, und Jesus nannte das »Zweifel«.

Ein führender Nervenforscher, Dr. Stuart Wolf, traf in einer Nachrichtensendung, die um die Welt ging, folgende Feststellung: »Herzanfälle kommen am häufigsten bei Menschen vor, die mit ihren Gefühlen durcheinander, depressiv oder mit ihrer Weisheit am Ende sind, gemieden von einer festgefahrenen Gesellschaft. Plötzlicher Tod wird oft durch Niedergeschlagenheit, Mutlosigkeit, erdrückende oder plötzliche Furcht verursacht.«

Führende Ärzte der Welt erklärten in dieser Sendung, daß sie daran experimentieren, diese Tötungsimpulse zu blockieren. Es ist bemerkenswert, daß Furcht als eine Hauptursache bei tödlichen Herzanfällen entdeckt worden ist. Um es dir ganz deutlich zu machen, wie zerstörerisch Furcht ist, hier noch einige Worte von Dr. Wolf: »Bei Opfern, die ertrunken sind, wird oft festgestellt, daß sie kein Wasser in ihren Lungen haben; der Mensch starb einfach daran, daß sein Herz vor Furcht aussetzte. Dasselbe konnte bei denen bestätigt werden, die an Schlangenbissen gestorben sind, denn man hat herausgefunden, daß nur etwa 20 Prozent der Schlangenbisse genug Gift übertragen, um ihre Opfer zu töten.«

Wenn wir solche überraschenden Tatsachen aus der Medizin betrachten, können wir erkennen, wie töricht es ist, der Furcht Raum zu geben. In der Tat, um das überfließende Leben, das Jesus bereitgestellt hat, zu besitzen, ebenso wie das in der Bibel verheißene lange Leben voller Segen, müssen wir unsere Ängste, unsere Depressionen und unsere falschen geistigen Einstellungen überwinden. *Das* erfordert die Auseinandersetzung mit uns selbst. Wir müssen uns oft versichern: »Gott hat mir nicht den Geist der Furcht gegeben, sondern der Kraft, der Liebe und der Zucht«.

Wenn ich an Dr. Wolfs Feststellung denke, daß Furcht buchstäblich das Herz zum Stillstand bringen und augenblicklichen Tod verursachen kann, werde ich an eine weitverbreitete Geschichte erinnert, die ich vor Jahren hörte. Die neuen Studenten in einem bestimmten College wurden von den älteren Schülern eingeführt. Einem jungen Mann wurden in der Schule die Augen verbunden, und er wurde von den älteren Schülern auf den Rangierbahnhof geführt. Dort wurde er mit Stricken an den Rangiergleisen festgebunden, immer noch mit verbundenen Augen. Wenige Minuten später hörte man in der Ferne den Abendzug. Sie sagten dem Jungen, sie ließen ihn dort, damit ihn der herankommende Zug überfahre, und gingen. Nur sie wußten natürlich, daß der junge Mann an Gleise gebunden war, die außer Betrieb waren. Nachdem der Zug vorbeigefahren war, kamen sie zurück zu den Gleisen, lachend und Späße machend bei dem Gedanken, welche Angst der junge Mann offensichtlich ausgestanden haben mußte. Er jedoch hatte nicht *sehen* können, daß der herannahende Zug auf einem anderen Gleis gefahren war. Als sie ankamen, um ihn loszubinden, war der junge Mann zu ihrem Kummer und zu ihrer Bestürzung tot! Die Ärzte erklärten, er habe sich buchstäblich zu Tode gefürchtet! Furcht hatte sein Herz zum Stillstand gebracht. Er war tot.

Viele Jahre lang habe ich gepredigt und die Christen aufgefordert, ein Leben frei von Furcht zu führen. Ich kenne persönlich die schrecklichen Folgen eines Lebens unter Angst. Ich war lange Zeit ein Opfer von Furcht und ich habe die Qual einer Existenz voller Furcht kennengelernt, aber Preis sei dem Herrn, ich habe erfahren, daß Glaube das Mittel gegen Furcht ist.

Frei von Furcht werden die meisten von uns nicht von selbst. Oftmals mußt du etwas dabei lernen. Edna M. Devin, eine Asienmissionarin zur Zeit des Zweiten Weltkrieges, gesteht, wie sie es hat lernen müssen, ihr Leben gänzlich in die Hand Gottes zu legen. Diese unvergeßliche Lektion bekam sie durch Samuel Schwarz, einen an Jesus gläubigen Juden. Und das ist ihre Geschichte:

»Ein österreichischer Jude, Samuel Schwarz, damals noch ein Teenager, wurde durch presbyterianische Missionare zu Christus geführt. Seine orthodoxe Familie stieß ihn aus. Sie ›begruben‹ ihn nach jüdischer Sitte und betrachteten ihn von diesem Moment an als ›tot‹!

Ob wohl Samuel daran gedacht hatte, daß seine Eltern diese Haltung einnehmen würden, wenn er Jesus annahm? Hatte er doch gehofft, daß er weiter ein Teil des Hauses Schwarz sein könnte. Ausgestoßen und mit gebrochenem Herzen verließ er nun Österreich, denn er hatte seine Wahl getroffen: Jesus Christus.

Er ging zuerst nach England und dann später nach Australien, wo er mit dem Heiligen Geist erfüllt wurde. Während eines langen Lebens des Dienens und Gebens war er immer ein treuer Zeuge für seinen Herrn gewesen. Dort in Australien trafen wir als Missionare Mr. Schwarz.

Nachdem Japan in den Krieg eingetreten war, wurden wir in unserer Mission ausgebombt. Wir gingen nach Australien, wo wir ins Haus der Familie Schwarz aufgenommen wurden. Wir werden nie die große Liebe und Freundlichkeit vergessen, die wir in diesem Haus erfuhren. Als ich dort mit diesem lieben Mann zusammen war, lernte ich eine Lektion, die ich nie vergessen werde. Etwas, das er eines Abends sagte, als wir miteinander sprachen, ist für mich seitdem oft zum Segen gewesen.

Wir erzählten der Familie Schwarz die wunderbare Geschichte, wie wir der japanischen Gefangenschaft entronnen waren, als es keine natürliche Hoffnung mehr gab. Wir sagten ihnen, wie Gott uns inneren Frieden gegeben hatte, sogar als Bomben aus feindlichen Flugzeugen überall um uns explodierten und Schrapnells fielen wie Regen in einem schweren Monsun.

Mr. Schwarz hörte zu, als wir erzählten, wie wir diese zehn Tage des Bombardements durchlebt hatten, ohne daß einer von uns verletzt wurde. Wir erzählten, wie Gott uns Nahrung durch christliche Freunde besorgte, an denen wir unseren Dienst getan hatten; es waren Freunde, die ihr eigenes Leben jeden Tag gewagt hatten, um uns zu helfen. Wir erzählten, wie dieselben Freunde ihr Leben wieder aufs Spiel setzten, um dafür zu sorgen, daß wir ihr Land verlassen konnten. Wir erzählten ihm von unserer Furcht, die wir in jeder Minute für unser Leben gehabt hatten.

Da sagte dieser gottesfürchtige Mann etwas, das auf mein Herz und meine Seele einen unauslöschlichen Eindruck machte. ›Aber Schwester Devin, Gott ist so viel größer als unsere Ängste!‹ Es war eine so einfache Feststellung, aber sie enthielt Befreiungskraft von jeder Furcht, die uns je angreifen könnte.

Im Verlauf unserer Unterhaltung sprachen wir oft über die Zukunft unserer Missionsarbeit unter den Bedingungen des Krieges. Wenn ich mich davor zu fürchten begann, was geschehen könnte, kamen mir immer die Glaubensworte von Samuel Schwarz in den Sinn, Worte, die wie Tau vom Himmel für meine dürstende Seele waren. ›Ach, Gott ist so viel größer als unsere Ängste.‹ «

Die Wahrheit traf mich tief. Ich stellte fest, daß ich mich nicht zu fürchten brauchte, solange ich in Gott blieb. Wir lesen, daß Furcht ein Mangel an Vertrauen in seine Größe und ein Mangel an Liebe ist. Im Atomzeitalter macht die Furcht vor dem, was auf die Erde zukommen wird, die Herzen vieler sehr schwer und beladen mit Furcht. Und ohne Gott könnte man sich wirklich fürchten.

Die natürliche Reaktion jedes normalen, gesunden Körpers ist Furcht vor allem, was Tod, Verletzung oder Zerstörung verursacht. Kein Mensch wird ohne Furcht geboren. Doch in unserem Herrn Jesus Christus haben wir Ruhe von der Angst, indem wir uns selbst sagen: »Gott ist so viel größer als unsere Ängste.« Je mehr wir ihn lieben, je näher wir bei ihm bleiben, je mehr wir mit ihm reden, desto weniger Furcht haben wir. Wenn wir unseren Mut von Gott ableiten, so befreit das unsere Seele und unseren Geist, und sogar unser Körper funktioniert besser.

Es gibt viele verschiedene Arten von Furcht, aber die Bibel sagt: »Gott hat uns nicht den Geist der Furcht gegeben.« Woher kommt dann der Geist der Furcht? Wer ist der Widersacher Gottes? Wer ist der Feind Gottes? Wer versucht, in uns diese Gefühle zu wecken, die uns von Gott und seinem Frieden trennen wollen? Darauf kann es nur eine Antwort geben: der Teufel. Solange der Teufel uns davon abhalten kann, die Worte aus Jes. 41, 10 zu wiederholen, hält er uns gebunden: »Fürchte dich nicht, ich bin mit dir, weiche nicht, denn ich bin dein Gott. Ich stärke dich, ich helfe dir auch, ich halte dich durch die rechte Hand meiner Gerechtigkeit.«

Viele werden bedrückt durch die Angst vor dem Tod, die Angst vor irgendeiner Krankheit, die Angst vor Unglück, die Angst vor dem Alter, und so weiter: Angst vor jeder nur denkbaren Lebenssituation. Doch wir müssen erkennen, daß es nicht Gott ist, der uns diesen Geist der Furcht gegeben hat. Das kommt vom Teufel.

Glücklicherweise läßt uns Gott nie ohne Weisung und Hoffnung. Sein Wort kann uns von allen unseren Ängsten befreien, wie sie auch aussehen mögen. In 1. Joh. 4 stehen Worte, die den Schlüssel zum Sieg über die Furcht beinhalten: »Furcht ist nicht in der Liebe, sondern die völlige Liebe treibt die Furcht aus.« Völlige Liebe? Nur einer war die völlige Liebe.

Das war Jesus Christus: dein Hirte, dein Helfer, dein Fürsprecher, dein Mutmacher, dein Retter! Aber du mußt die Worte aussprechen, die deine Entscheidung bekanntmachen: Furcht vom Teufel oder Friede und Erfüllung von Gott.

Kürzlich las ich in einer Zeitschrift, daß man an mehrere hundert Collegestudenten einen Fragebogen geschickt habe. Der Fragebogen sollte in Kürze herausfinden, wie diese Studenten über das Leben und seine Bedeutung dachten. In den vielen Antworten, die eingingen, führten 60 Prozent dieser jungen Leute die Angst als ihr vorherrschendes Gefühl an. Wie traurig, daß sie nie erfahren hatten: »Fürchte dich nicht, denn ich bin mit dir.«

Vor Jahren hatten wir Herschel Murphy aus Texas in unserer Evangelistengruppe. Er diente nicht nur am Wort, sondern war auch Solist. Jeder, der ihn hat singen hören »Bring deine Lasten zum Herrn und laß sie dort«, wird das niemals vergessen. Er machte einige nachdrückliche Anmerkungen über die Furcht:

»Wie es zu jeder Zeit war, so gibt es auch heute Menschen, die sich buchstäblich ›zu Tode fürchten‹. Bilder der Vergangenheit plagen sie, die Schrecken der Zukunft lähmen sie, während die Hoffnungslosigkeit der Gegenwart sie betäubt. Sie werden gepeinigt und gequält, belästigt und geärgert, bedrückt und unterdrückt, niedergeschlagen und besiegt. Welch eine zerstörerische Macht ist die Angst!

David sagte: ›Ich will vertrauen und mich nicht fürchten.‹ Durch ihre Handlungen scheinen viele Menschen heute das Gegenteil zu sagen: ›Ich will mich fürchten und nicht vertrauen. Bestimmt werden Zweifel und Ängste mir mein Leben lang folgen; ich fürchte Unglück aller Art, denn du bist nicht bei mir.‹ Solche Menschen sind an Hand und Fuß gebunden, gefesselt, gekettet, geknebelt durch zahllose Legionen von Ängsten, die sie Tag und Nacht bedrängen.«

Gott ist betrübt, wenn er sieht und hört, wie seine Geschöpfe so ohne Vertrauen sind. Er ist unser Vater. Er möchte uns sagen hören: »Ich kenne die Quelle meiner Kraft und meines Mutes.«

Dem Teufel widerstehen

Jak. 4, 7 sagt: »Widerstehet dem Teufel, so flieht er von euch.« Auf folgende Weise kannst du dem Teufel widerstehen und täglich befreit sein von seinen »großen D's«, die alle verursacht werden können durch ein furchtvolles Gedankengebäude:

1. Entdecke die Kniffe des Teufels.

2. Lehne den Teufel ab, indem du mit Gott übereinstimmst.

3. Gebrauche den Namen Jesus. »In meinem Namen werden sie böse Geister austreiben« (Mark. 16, 17).

4. Zitiere kühn das Wort Gottes. »Und sie haben ihn überwunden durch des Lammes Blut und das Wort ihres Zeugnisses« (Offb. 12, 11).

Des Teufels D's

Defeat — Niederlage: »Aber in dem allem überwinden wir weit durch den, der uns geliebt hat« (Röm. 8, 37).

Diseases — Krankheiten: »Lobe den Herrn ... der da heilet all deine Gebrechen« (Ps. 103, 3).

Discouragement — Schwierigkeiten: »Fürchte dich nicht und laß dir nicht grauen« (5. Mose 1, 21).

Distress — Not: »Was wollen wir nun hierzu sagen? Ist Gott für uns, wer mag wider uns sein?« (Röm. 8, 31).

Debts — Schulden: »Mein Gott aber wird ausfüllen all euren Mangel nach seinem Reichtum in der Herrlichkeit in Christus Jesus« (Phil. 4, 19).

Disheartenment — Entmutigung: »Habe deine Lust am Herrn; der wird dir geben, was dein Herz wünscht« (Ps. 37, 4).

Destruction — Vernichtung: »Ein Dieb kommt nur, daß er stehle, würge und umbringe. Ich bin gekommen, daß sie das Leben und volle Genüge haben sollen« (Joh. 10, 10).

Devouring — Verschlingen: »Euer Widersacher, der Teufel, geht umher wie ein brüllender Löwe und sucht, welchen er verschlinge. Dem widerstehet, fest im Glauben« (1. Petr. 5, 8. 9).

Disappointment — Enttäuschung: »Wir wissen aber, daß denen, die Gott lieben, alle Dinge zum Besten dienen, denen, die nach dem Vorsatz berufen sind« (Röm. 8, 28).

Dishonesty — Unredlichkeit: »Wir meiden schandbare Heimlichkeit« (2. Kor. 4, 2).

Dissension — Zwietracht: »Siehe, wie fein und lieblich ist's, wenn Brüder einträchtig beieinander wohnen!« (Ps. 133, 1).

Despondency — Verzagtheit: »Freuet euch in dem Herrn allewege, und abermals sage ich: Freuet euch!« (Phil. 4, 4).

Doubt — Zweifel: »Machet euch keine Unruhe« (Luk. 12, 29). »Ich glaube Gott, es wird also geschehen, wie mir gesagt ist« (Apg. 27, 25).

Kapitel XVII

Die fehlende Person

Ein Evangelist hatte soeben einen Gottesdienst abgeschlossen im Rahmen eines Feldzuges, den er gerade durchführte. Gewöhnlich sprach er nach jedem Gottesdienst mit den Leuten und war Seelsorger für diejenigen, die sich mit persönlichen Problemen an ihn wandten.

An diesem Abend nun kam eine Mrs. Meyers, Mutter von zwei Jungen, und suchte ernstlich Hilfe. Sie sagte zum Evangelisten: »Meine beiden Söhne sind keine Christen. Sie sind schon fast erwachsen, und ich bin so unglücklich über ihre Gleichgültigkeit Gott gegenüber. Ich habe für sie viele Jahre lang gebetet,« erklärte sie, »und doch sind sie noch nicht gerettet. Bitte seien Sie ehrlich mit mir und sagen Sie mir, warum sie nicht zu Gott kommen.«

Es ist schwierig, in einer sehr kurzen Zeit eine persönliche Beziehung zu schaffen, die tief genug ist, um eine solche Frage zu beantworten, doch der Evangelist fing an, die Sache zu untersuchen. »Ist Ihr Gatte gerettet?«

»O ja«, antwortete sie. »Er ist ein sehr guter Christ.«

»Halten Sie zuhause Familienandacht?«

«Ja«, kam ihre Antwort. »Außerdem beten wir vor jeder Mahlzeit; wir gehen jeden Sonntag zur Kirche und lassen kaum einen Gottesdienst aus. Trotz alledem«, fuhr sie fort, »und trotz meiner Gebete übergeben meine Jungen sich nicht Gott.«

Der Prediger erkannte, daß diese Frau ernstlich suchte. Er merkte, daß es im Grunde an ihr lag und nicht an ihren Jungen, daß sie keine Antwort auf ihr Gebet bekam. »Mrs. Meyers«, sagte er nach einer kurzen Pause, »möchten Sie wirklich die Wahrheit wissen? Vielleicht tut es Ihnen weh. Darf ich offen mit Ihnen reden?«

»Ja«, erwiderte sie, »ich möchte es wirklich wissen, denn es ist eine beständige Bürde in meinem Leben.«

»Dann will ich es Ihnen sagen. Es fehlt eine Person in Ihrem Leben. Ihre Jungen werden nicht gerettet, weil Ihre Augen trocken sind. *Sie* können nicht das Mittel zur Errettung ihrer Jungen sein. Nur die dritte Person der Dreieinigkeit — der Heilige Geist — kann das tun. Vorher müssen Sie Jesus bitten, den Heiligen Geist zu senden, um Ihr *eigenes* Leben zu erfüllen; dann wird er, wenn Sie beten, zu Ihren Jungen sprechen und sie darauf aufmerksam machen, daß sie die Entscheidung treffen müssen: mit Gott zu leben oder ohne Gott zu leben.«

Frau Meyers senkte ihren Kopf und sagte demütig: »Ich weiß, was Sie meinen.«

Als sie an jenem Abend nach Hause kam, schloß sich diese Mutter allein in ihrem Zimmer ein und ging stundenlang darin hin und her. Sie schüttete Gott ihr zerbrochenes Herz aus. Zerknirscht rief sie: »Bitte, Gott, erforsche mein Herz. Vergib mir die Anmaßung, *ich* könnte meine Jungen zu dir bringen. Fülle mich mit dem Heiligen Geist, so daß er es ist und nicht ich, der zu meinen Jungen redet und dann meinen beiden Lieben die Wahrheit offenbart.« Endlich fühlte sie Frieden, wie sie ihn nie zuvor erfahren hatte.

Nachdem ihr eigenes Herz zerbrochen war, weinte sie und erkannte ihre eigene Unzulänglichkeit. Da, und erst da, gab ihr der Heilige Geist eine positive Gebetslast für ihre Söhne.

Am nächsten Morgen stand sie wie gewohnt auf und bereitete das Frühstück für ihren Mann und ihre beiden Jungen. Sie brach ihr Schweigen, als sie, geleitet durch den Heiligen Geist, am Frühstückstisch zu ihrem älteren Sohn sagte: »Ronald, ich wünschte, du würdest Jesus dein Herz geben.«

Ohne ein Wort zu sagen, stand er auf und verließ das Haus. Still betete seine Mutter: »Jesus, nun liegt es an dir. Ich kann nichts weiter tun. Ich überlasse es deinen Händen.«

Dann wandte sie sich an ihren jüngeren Sohn und sagte: »John, du liegst mir am Herzen. Willst du nicht dein Herz für Christus öffnen und ihn heute als deinen Heiland annehmen?«

John spürte die Veränderung, die über seine Mutter gekommen war. Ihre Stimme war weicher, und es schwang etwas darin mit, was er vor diesem Morgen noch nie gehört hatte. »Mutter«, antwortete John auf die Bitte seiner Mutter, »ich möchte ein Christ werden. Ich will heute mein Herz Jesus geben.« Sie knieten beide nebeneinander dort in der Küche nieder. Mrs. Meyers schüttete ihr Herz in Danksagung vor Gott aus. John betete auch. Einfach und ernstlich bereute er seine Sünden und nahm den Herrn Jesus als seinen Heiland an. Er wurde dort wiedergeboren vom Geist Gottes in Gottes erlöste Familie hinein.

Dieser Tag endete jedoch noch glücklicher. Zur Essenszeit kam ihr älterer Sohn Ronald zurück nach Hause. Ohne ein Wort zu sagen, ging er zu seiner

Mutter, legte seine Arme um sie und drückte sie an sich.

Bevor er eine Möglichkeit hatte zu reden, rief seine Mutter aus: »Ronald, du brauchst es mir nicht zu erzählen! Ich weiß, du bist gerettet. Sag mir, wie es zuging!«

»Mutter«, sagte er, »vorige Nacht, nachdem ich zu Bett gegangen war, bekam ich Hunger. Ich stand auf, um zum Kühlschrank zu gehen und mir etwas zu essen zu holen. Als ich an deinem Zimmer vorbeikam, hörte ich dich reden. Ich hielt an, um zuzuhören, denn ich fürchtete, es wäre etwas nicht in Ordnung. Ich hörte dich mit Gott reden, und du hast so anders gebetet. Du batest Gott, mich zu retten.« Er erklärte ruhig weiter: »Ich hörte dein Beten, und etwas berührte mein Herz. Dann erkannte ich, wie schrecklich es ist, ein Sünder zu sein und nicht zu wissen, wie man mit der Sünde fertig wird. Da wurde mir klar, daß ich Gott brauchte. Als du mich heute morgen fragtest, konnte ich dir einfach nicht antworten. Ich mußte erst mit mir selbst fertig werden. Ich ging hinaus aufs Feld und betete. Dort begegnete mir der Herr. Mutter, ich habe Jesus als meinen Heiland angenommen. Er brachte mir Frieden, und ich bin *sicher*, daß ich gerettet bin.«

Das »etwas«, das ihn berührte in der Nacht, als er seine Mutter beten hörte, war der Heilige Geist. Dann benutzte der Heilige Geist ihre Worte, um ihre Jungen zu Gott hin zu bewegen.

Der Evangelist berichtete diese Geschichte bei späteren Gottesdiensten in der Evangelisation. Er wollte betonen, daß Worte ohne Geist auf taube Ohren stoßen. Doch wenn ein geisterfüllter Christ in Gottes

Namen und zu seiner Ehre bittet, geht Kraft durch den Geist aus und kommt nicht leer zurück.

Wie Mrs. Meyers haben viele Christen das Bedürfnis nach mehr Kraft in ihrem Zeugnis und in ihrem persönlichen Leben gespürt. Doch viele Kirchen lehren ihre Glieder nicht, wie man diese Kraft bekommen kann, obwohl es ganz klar in der Schrift ausgeführt ist. In Apg. 1, 8 sagte Jesus zu seinen Jüngern: »Ihr werdet die Kraft des heiligen Geistes empfangen, welcher auf euch kommen wird, und werdet meine Zeugen sein zu Jerusalem und in ganz Judäa und Samarien und bis an das Ende der Erde.«

Vor Pfingsten war der Heilige Geist mit manchen Menschen, aber nicht in ihnen. Jesus sagte diesen Menschen: »Ich will den Vater bitten, und er wird euch einen anderen Tröster geben, daß er bei euch sei ewiglich: den Geist der Wahrheit ... Ihr aber kennet ihn, denn er bleibt bei euch und wird in euch sein« (Joh. 14, 16. 17). Aber »als der Tag der Pfingsten erfüllt war«, wurde der Heilige Geist für alle Gläubigen verfügbar. In der ersten Predigt, die Petrus nach dem Empfang der Taufe im Heiligen Geist hielt, sagte er zu einer Judenversammlung, sie sollten »Buße tun und ein jeglicher sich taufen lassen auf den Namen Jesu Christi zur Vergebung eurer Sünden, so werdet ihr empfangen die Gabe des heiligen Geistes« (Apg. 2, 38. 39).

Viele Menschen meinen, die Taufe im Heiligen Geist sei etwas, was sie sich verdienen könnten, indem sie gut sind. Nach der Schrift jedoch ist sie wie die Errettung eine Gabe Gottes, erhältlich für jeden Christen, der Gott darum bittet. Jesus drückte es so aus: »Wo bittet unter euch ein Sohn den Vater ums Brot, der ihm einen Stein dafür biete? Und so er ihn bittet um einen Fisch, der ihm eine Schlange für den Fisch biete? oder, so er um ein Ei bittet, der ihm einen Skorpion dafür biete? So denn ihr, die ihr arg seid, könnt euren Kindern gute Gaben geben, wieviel mehr wird der Vater im Himmel den heiligen Geist geben denen, die ihn bitten!« (Luk. 11, 11 – 13).

Andere Menschen meinen, daß sie automatisch den Heiligen Geist haben, weil sie Christen sind, und sie *haben* ihn. Doch mit der Taufe im Heiligen Geist werden sie noch mehr von ihm bekommen. Wir kennen mindestens ein biblisches Beispiel aus der Zeit nach Pfingsten, wo wiedergeborene Gläubige die Taufe im Heiligen Geist nicht zugleich mit ihrer Bekehrung erhalten hatten. Sie mußten sie — wie viele Gläubige unserer Tage — als eine zweite Erfahrung empfangen: »Da aber die Apostel hörten zu Jerusalem, daß Samarien das Wort Gottes angenommen hatte, sandten sie zu ihnen Petrus und Johannes. Die kamen hinab und beteten für sie, daß sie den heiligen Geist empfingen. Denn er war noch auf keinen von ihnen gefallen, sondern sie waren allein getauft auf den Namen des Herrn Jesus. Da legten sie die Hände auf sie, und sie empfingen den heiligen Geist« (Apg. 8, 14 – 17).

Da der Heilige Geist ja eine Gabe ist, die man auf Gebet hin erhält, und viele Kirchen die Menschen nicht lehren, daß es eine Erfahrung, genannt Taufe im Heiligen Geist, gibt, um die man bitten kann, sind viele wiedergeborene Gläubige bekehrt und im Wasser getauft, ohne je die Taufe im Heiligen Geist bekommen zu haben, worauf sie Anspruch haben. »Ihr habt nicht, darum daß ihr nicht bittet« (Jak. 4, 2). Mrs. Meyers war eine von diesen, doch nicht durch eigene Schuld. Wahrscheinlich hatte ihr nie jemand gesagt, daß sie den Heiligen Geist brauchte. Ich habe sie nicht danach gefragt, aber ich stelle mir vor, daß sie eben gedacht haben mag, sie habe als wiedergeborener Christ alles vom Heiligen Geist, was sie jemals erhalten werde. Glücklicherweise erkannte der Evangelist, mit dem sie sprach, daß sie mehr brauchte.

Ein geisterfüllter Christ ist ein dynamischer Christ. Das Wort, das mit »Kraft« übersetzt wird, stammt von demselben griechischen Wort, von dem auch das Wort »Dynamit« herkommt. Deshalb wird man dynamisch, wenn man mit dem Heiligen Geist erfüllt ist, der Kraft, die Gott uns gegeben hat. Fortwährend mit dem Geist erfüllt zu sein, macht uns in unserem Christenleben dynamisch. Als Jesus einmal in der Synagoge stand und lehrte, las er folgende Worte aus dem Propheten Jesaja: »Der Geist des Herrn ist bei mir, darum weil er mich gesalbt hat, zu verkündigen das Evangelium den Armen« (Luk. 4, 18). Wir wissen, daß auch wir dieselbe Salbung des Geistes erhalten haben, denn Jesus sagte in Joh. 14, 12: »Wer an mich glaubt, der wird die Werke auch tun, die ich tue, und wird größere als diese tun, denn ich gehe zum Vater.«

Was für ein Versprechen! Welch ein Auftrag! Es ist die Pflicht für jeden einzelnen, sich in Bewegung zu setzen! Das Wort redet. Wir müssen es bekennen. Wir müssen unseren Glauben stärken, indem wir immer wieder wiederholen, was Gott gesagt hat. Dann wird es zu unserer Lebensweise. Nichts davon kann sich jedoch ganz erfüllen, bevor wir unsere Herzen öffnen und geisterfüllt werden. Nur wenn der Geist in uns lebt, können wir in unserem eigenen Leben und im Leben anderer wirksam sein.

Kapitel XVIII

Alle Dinge möglich bei Gott

Ein junger Mann entdeckte eine Goldader hoch oben in den Bergen. Er brauchte Kraft, um sie zu erschließen. Er brauchte Geld. Er brauchte das Wissen, wie er diese Ader erschließen konnte. Er machte große Anstrengungen und arbeitete und versagte.

Eines Abends nach einem langen, schweren Tag setzte er sich todmüde nieder und sagte zu sich selbst: »Ich werde herausfinden, wo hier das Problem liegt, weshalb ich in dieser Sache einfach nicht weiterkomme. Ich weiß, daß hier Gold *ist*, aber ich komme nicht heran. Das liegt daran, daß ich nichts über dieses Gestein weiß. Ich verstehe nichts von Geologie, und ich weiß nicht viel über Bergbau. Ich werde in die Stadt hinabgehen und mir die Antworten holen.«

Er ging in die Stadt hinab zum Vorsteher des Ressorts Bergbau der dortigen Universität, und er legte seinen Fall ehrlich und offen vor diesem Experten dar. Der Professor rief einen Bergbauingenieur, dem der junge Mann seine Geschichte erzählte. Der Ingenieur war einverstanden, mit ihm die Goldader zu besehen und dann seinen Rat zu geben, nachdem er die Ader geeigneten Tests unterzogen habe.

Die beiden brauchten etwa eine Woche, bis sie den Goldboden erreichten. Nachdem der Ingenieur den Berg erforscht und bestimmte grobe Untersuchungen des Erzes vorgenommen hatte, sagte er: »Hier gibt es Gold im Wert von Millionen Dollars. Doch es wird etwas kosten, das Gold herauszubekommen. Sie haben zwei Wahlmöglichkeiten: Sie können entweder eine Aktiengesellschaft organisieren, die genug Kapital aufbringt, um die Goldmine zu erschließen, oder Sie können dieses Land verkaufen. Was wollen Sie tun?« Der junge Mann antwortete ohne Zögern: »Ich werde sie erschließen.«

Der junge Mann verbrachte ein Jahr mit hartem Training und intensivem Studium. Durch die langen Wintermonate trieb er sich selber an, so daß er bereit war, als der Frühling kam. Er hatte die Kenntnis erworben, die er benötigte.

Es stellte sich heraus, daß der Ingenieur mit der Beurteilung der Goldmine richtig gelegen hatte. Innerhalb einiger kurzen Jahre war der junge Mann Millionär geworden.

Diese Geschichte ist ein modernes Gleichnis. Der junge Mann entdeckte, daß es hier etwas von großem Wert gab, aber er wußte nicht, wie er daran herankommen, es erschließen und seine großen Reichtümer beanspruchen konnte. Dann wurde der junge Mann mit der Entscheidung konfrontiert, es zu nehmen oder zu lassen. Seine Entscheidung »Ich werde sie erschließen« gab den Ausschlag. Damit war die Angelegenheit nicht abgeschlossen, denn nachdem er die Worte der Entscheidung gesprochen hatte, mußte er entsprechend handeln. Das erforderte Studium, Opfer und Hingabe. Am Ende der Vorbereitungszeit erntete er die Belohnung für all die Tage, die er damit verbracht hatte, sich bereitzumachen.

Genau so steht es mit unserem Verständnis, welchen Platz Gott in unserem Leben einnimmt. Du mußt Gott entdecken. Das geschieht durch Lesen und Hören des Wortes. Du gehst zu Gott — dem Einen, der die Antwort für dein Leben hat. Während du studierst, wirst du die Größe seines Wortes, aber auch deine eigenen Grenzen erkennen. Dann kommt die Zeit, wo du mehr haben mußt als nur das Wissen von Gottes Verheißungen. Du wirst entscheiden müssen: »Ich werde sie erschließen.« Die Belohnung, bei weitem größer als die Millionen, die der junge Mann erwarb, wird kommen, wenn du dein Leben in Studium, Hingabe und Dienst auslebst.

Matthäus 19, 26 sagt: »Jesus aber sah sie (seine Jünger) an und sprach zu ihnen: Bei den Menschen ist's unmöglich; aber *bei Gott sind alle Dinge möglich!*«

In diesen Worten liegt die Antwort auf jede Verlegenheit, in die du je kommen magst. Die Worte, die du dann wählst, sie zu glauben und auszusprechen, werden dein Leben formen.

Wenn mir manchmal etwas besonders unmöglich erscheint, zitiere ich für mich die Überschrift dieses Kapitels, »Himpossible«. Was bedeutet das? Das bedeutet:»Bei den Menschen ist es unmöglich, aber bei Gott ist es möglich. Ich vermag alles durch den, der mich mächtig macht, Christus. Dies ist nicht unmöglich, es ist ihm möglich. Es ist möglich mit ihm.«

Die Schwierigkeit bei allzu vielen Menschen ist, daß sie die Erfüllung von Gottes Verheißungen zu leicht haben wollen. In Matth. 7, 13 gab Jesus die Ermahnung: »Gehet ein durch die enge Pforte. Denn die Pforte ist weit, und der Weg ist breit, der zur Verdammnis führt, und ihrer sind viele, die darauf wandeln. Und die Pforte ist eng, und der Weg ist schmal, der zum Leben führt, und wenige sind ihrer, die ihn finden.« Jesus Christus ist die Pforte, die zum Leben führt. Gott erwartet von uns, daß wir

unser ganzes Sein ihm geben, bevor er seine Verheißungen erfüllen kann, die großen Reichtum aller
Art versprechen. Die meisten von uns entschuldigen
ihre Unfähigkeit, das auch zu erlangen, wonach sie
suchen. Sie reden dann etwa so: »Ich hatte eine Chance, aber alles stand gegen mich«, oder »Ich habe keine
Bildung gehabt, also kann ich auch nicht viel erwarten« oder »Ich kenne nicht die ›richtigen Leute‹«. Solche Entschuldigungen möchte Gott nicht hören.
Gott möchte uns sagen hören: »Bei Gott sind alle Dinge möglich.«

In einem Sommer hatten wir Dr. Len Jones als Gast,
den Direktor der Slawischen und Orientalischen
Mission von Australien und Neuseeland. Dieser
Mann ist einer der anregendsten Menschen, die mir
je begegnet sind. Er sprüht vor Optimismus und ist
dem Herrn geweiht. Unermüdlich reist er um die
Welt für Gott.

Dr. Jones stand im Wohnzimmer unseres Hauses
und teilte uns ein wichtiges Geheimnis seines Erfolges in der Reichsgottesarbeit mit. »Vor Jahren nahm
ich das Wörterbuch und strich buchstäblich das
Wort ›unmöglich‹ aus. Die Bibel sagt uns, daß ›mit
Gott alle Dinge möglich sind‹. Weil bei Gott nichts
unmöglich ist und weil ich ihm mein Leben gegeben
habe und mit ihm, meinem Vater, verbunden bin,
warum sollte ich das Wort ›unmöglich‹ überhaupt
noch berücksichtigen? Ich sehe nichts für unmöglich
an, denn Gottes Wort sagt mir das. Wenn ich solche
Gottesworte wiederhole, werden sie meine Hilfe in
allem, das ich tue.«

Matthäus 9, 27 – 30 gibt einen Bericht, wie Jesus
dieses Prinzip bei zwei blinden Männern anwandte,
die eines Tages auf Jesus trafen, als er Nazareth ver-

ließ. Diese beiden Männer, die nicht sehen konnten, gingen vertrauensvoll dicht hinter Jesus her und riefen laut: »Erbarme dich unser, Sohn Davids.«

Als Jesus das Haus betrat, wohin er gehen wollte, folgten die Blinden ihm auch dorthin in der Furcht, daß er ihnen keine Aufmerksamkeit schenken würde. Jesus drehte sich zu ihnen um und sagte: »*Glaubt ihr*, daß ich euch das tun kann?«

»O ja, Herr, wir glauben«, riefen sie zusammen laut aus.

Da berührte er ihre Augen und sagte: »Euch geschehe nach eurem Glauben.« Und ihre Augen wurden aufgetan.

Jesus forderte zuerst ihr offenes Bekenntnis mit dem Mund, bevor er diese beiden Blinden heilte. Sie sollten mit Worten sagen, daß sie glaubten. Wie wichtig waren diese Worte! Was für Gewinn hatten sie davon, daß sie Jesu einfache Bitte erfüllten! Jesus wußte, daß sie glaubten, doch er wollte, daß sie es auch *sagten*. Dann belohnte er ihren Glauben in dem Wissen, daß sie die Wahrheit sprachen.

Vor einiger Zeit hörte ich von einer Erfahrung, die ein Prediger machte, als er durch eine Anzahl fremder Länder reiste. Das Land, aus dem er abreiste, besaß einen beinahe mittelalterlich primitiven Lebensstandard. Alles Trinkwasser mußte abgekocht werden. Alle eßbaren Früchte mußten geschält werden. Jeder Reisende mußte sehr vorsichtig sein, um sich nicht bestimmte schmerzhafte Krankheiten zuzuziehen, die die Einwohner jenes Landes schon als alltäglich und unvermeidbar hingenommen hatten.

Dieser Gottesmann traf nun Vorbereitungen, in ein Land zu gehen, das vollkommen anders war. Das Essen dort konnte ohne Gefahr gegessen werden und war schmackhaft. Die hygienischen Bedingungen waren einwandfrei. Die Bürger lebten im Wohlstand.

»Ich werde nie vergessen«, sagte der Reisende, »wie eigenartig es war, aus dem wackeligen Bus auszusteigen, der mich zur Grenze gebracht hatte, so daß ich den schmalen Landstreifen überqueren konnte, der die zwei Länder voneinander trennte. Ich bestieg den modernen Reisebus mit Air-condition auf der anderen Seite. Und diesen höchst willkommenen Übergang führte ich aus, indem ich einfach meinen Paß vorzeigte.«

Wir haben Pässe zu Gott. Unser Paß ist das Blut Jesu Christi. Wir müssen unsere Worte gebrauchen, um unser ehrliches Verlangen auszudrücken, ihm zu gehören. Dann müssen wir zeigen, daß wir das Recht haben, angenommen zu sein, indem wir unseren Glauben an Jesus Christus als unseren Herrn und Heiland kundtun. Wir können uns nicht durch eigene Anstrengungen retten, doch »bei Gott sind alle Dinge möglich.« Wenn du nur diese Wahrheiten erkennst und sie bestätigst, wird Gott dir Türen öffnen, die du früher als unüberwindliche Hindernisse angesehen hast. Jesus sagte: »Ich bin die Tür; wenn jemand durch mich eingeht, der wird gerettet werden und wird ein- und ausgehen und Weide finden« (Joh. 10, 9). Das ist der Paß, der er in deinem Leben sein kann: der Paß von einem Leben der Sorge, es allein nicht zu schaffen, zu einem Leben, wo er alle deine Lasten übernimmt und alle deine Bedürfnisse erfüllt.

Eine Frau in Los Angeles erzählte mir, daß sie in ihrem Inneren einen Haß gegen ihre Verwandten entwickelt habe wegen der Art, wie diese sie behandelten. Das ist kein ungewöhnliches Problem. Ich fragte sie, ob sie Gott eine Gelegenheit gegeben habe, es für sie in Ordnung zu bringen. Ich sagte ihr, sie sollte nur mit dem Herrn darüber genau so offen und ehrlich reden, wie sie es mir gegenüber getan hatte. Als sie das tat, entdeckte sie, daß der Geist Gottes für sie arbeitete und ihr half.

Während sie diese Gefühle des Grolls aus ihren Gedanken verbannte, erfuhr sie eine große Befreiung. Noch wichtiger, sie gab diese Gefühle nicht nur halb dem Herrn ab und nahm sie dann wieder zurück. Als ich sie nach Tagen wiedersah, war das ganze Problem dem Herrn übergeben; sie hatte ihre Last dort gelassen und festgestellt, daß Gott sich darum kümmerte. Als sie ihren Verwandten mit größerer Liebe begegnete, fand sie, daß auch sie ihr in Liebe begegneten.

Was sagt Gott über seinen Platz in deinem Leben? Ps. 55, 23 zeigt dir seine Worte: »Wirf dein Anliegen auf den Herrn; der wird dich versorgen.« Das muß der größte Gewichtsheber sein, den die Welt je gekannt hat. Unvergleichlich. Mach diese Worte zu *deinen* Worten, denn er sagt, er wird *dich* versorgen.

Es gibt keine noch so große oder kleine Not in deinem Leben, der Gott nicht begegnen will, wenn er nur deine Bitte hört und du ganz glaubst, daß Gott sie für dich ausführen wird. Denke daran, er hat gesagt: »Bei Gott sind alle Dinge möglich.«

Austin Barton teilte mir folgende Geschichte mit, wie er einmal von einem englischen Redner, Bruder Greenwood, folgende Lektion gelernt hatte. Er hatte Austin Barton folgende Weisung gegeben: »Denke an die Macht deiner Worte. Wenn du Gott um etwas bittest, begrenze ihn nicht. Wenn du hundert Dollar brauchst, sage zum Herrn: ›Ich brauche hundert Dollar *oder mehr!*‹ Wenn du zweihundert Dollar brauchst, sage zum Herrn: ›Ich brauche zweihundert Dollar *oder mehr.*‹ Wenn du tausend Dollar brauchst, sage zum Herrn: ›Ich brauche tausend Dollar *oder mehr.*‹ Aber gib dem Herrn die Gelegenheit, deine Bitte im Überfluß zu erfüllen.«

Ich stimme zu, daß unsere Worte genau das hervorbringen werden, was wir sagen. Wenn du ein armseliges Leben lebst, dann entschließe dich heute, das zu ändern. Wenn du dich dazu entschlossen hast, sprich mit Gott darüber, sprich überall darüber! Erwarte, daß große Dinge geschehen, denn Gott will dein Versorger sein. Er will es sein — wenn *deine Worte* es wollen. Was du sagst, bestimmt das, was du bekommst.

Oft werden wir uns selbst zum Problem. Statt ein Teil der Antwort zu sein, bleiben wir weiterhin ein Teil des Problems. Nimm an, dir wird klar, daß du finanziell in großer Not bist. Das Wort erklärt: »Mein Gott wird ausfüllen all euren Mangel« (Phil. 4, 19). Du mußt Gott auf die fehlenden Finanzen aufmerksam machen. Du mußt sicher sein, daß deine Erwartungen von ihm kommen. Weigere dich, von deinen Gefühlen eingeschüchtert zu werden. Wisse, daß Gott, der in dir ist, größer ist als alle anderen Mächte, die dich umgeben. Die Mächte, die sich dir widersetzen, sind deine Sinne, deine Gefühle. Die Kraft, die *in* dir ist, ist Gott, der in deinem Leben wirkt.

Dann sprich es aus. Laß deine Worte ausdrücken, was dir Gott in Wahrheit bedeutet, sprich über deine Verbindung und deine Partnerschaft mit Gott. Bekräftige, daß er der Eine ist, der dir hilft und das Kapital liefert, um deine Bedürfnisse zu erfüllen. Gib ihm die Ehre für seine Fähigkeit und seine Weisheit. Wage es, vor der Welt laut zu bekennen, daß dein Vertrauen auf Erfolg in seiner Gnade begründet liegt, wie er es dir schon bewiesen hat. Gott wird solch eine Verpflichtung einlösen. Nur mit ihm werden alle Dinge möglich.

Ich denke an eine Frau, die eine unserer Versammlungen besuchte. Viele Menschen hatten für sie gebetet, aber sie trug weiterhin ihre eigene Bürde. Eines Tages predigte ich über das Thema, daß Satan uns im Bewußtsein der Sünde festhalten will. Das behindert unseren Glauben, und natürlich versucht Satan, genau das an jedem Tag unseres Lebens zu erreichen. Er tut das, indem er Zweifel in deinen Gedanken weckt. Er wird dir erzählen, daß Gott dir nie vergeben hat, was du getan hast. Oder er redet dir ein, daß zu viel Sünde in deinem Leben ist, um Gott zu gefallen.

Diese Frau kam zu mir nach dem Gottesdienst. Sie war offensichtlich ganz durcheinander. Sie zählte mir ihre sämtlichen Versuche auf, geheilt zu werden. Dann platzte sie heraus: »Aber jetzt weiß ich, warum mein Glaube keine Ergebnisse hervorbringt. Ich habe vor 25 Jahren eine schreckliche Sünde begangen, und Gott hat mir niemals vergeben.«

Ich fragte sie: »Können Sie mir sagen, was das für eine Sünde war?«

Sie antwortete: »Ich habe über eine meiner Verwandten eine Lüge in Umlauf gesetzt. Ich redete ihrem Mann ein, sie sei ihm nicht treu. Die schrecklichen Schwierigkeiten, die folgten, brachten die beiden fast auseinander, und es gab Risse in meiner ganzen Familie wegen meiner Bemerkungen.«

Ich gab ihr die Worte aus 1. Joh. 1, 9: »Wenn wir unsere Sünden bekennen« — *das* ist *unser* Teil in diesem göttlichen Vorgang: unsere Sünden Gott zu bekennen — »so ist er treu und gerecht, daß er uns die Sünden vergibt und reinigt uns von aller Untugend«. *Das* ist *Gottes* Teil!

Diese Frau antwortete immer wieder: »Aber Bruder Gossett, ich habe geweint und viele Male gebetet, Gott möge mir diese schreckliche Sünde vergeben, aber er hat es nie getan.«

Meine Antwort war schnell und scharf: »Mrs. Blaine, ich glaube nicht, daß Ihnen klar ist, was Sie sagen! Wenn Sie sagen, daß Sie Gott Ihre Sünden bekannt haben und er Ihnen nicht vergeben hat, dann widersprechen Sie Gott. Was Sie sagen, ist nicht wahr. Lassen Sie Gott wahrhaftig sein, und alle Menschen Lügner. Gott ist nicht ein Mensch, daß er lüge. Gott wird das tun, was er *sagt*. Gott hält sein Wort.«

Da bat sie mich dringend: »Was muß ich dann tun?«

»Einfach Gott bei seinem Wort nehmen«, gab ich an. »Da Gott gesagt hat, er sei treu und gerecht, daß er uns die Sünden vergibt und uns davon reinigt, wenn wir sie ihm bekennen, nehmen Sie ihn bei seinem Wort. Ob Sie Vergebung *fühlen* oder nicht, Gott hat sie verheißen, und so ist es. Beginnen Sie, ihm für seine Gnade und Barmherzigkeit zu danken.«

Die Frau ging fort, um allein zu beten. Als ich sie später wiedersah, pries sie Gott für die Zusicherung, daß ihre Sünden — selbst wenn sie 25 Jahre zurücklagen — alle vergeben waren!

Wenn du etwas behauptest, dann beschließt du das in der Tat für dein Leben. Wenn du den Beschluß faßt, keine Vergebung zu haben, dann wirst du keine haben. Aber wenn du beschließt, daß Gottes Hilfe dir gilt, dann wirst du seine Hilfe *haben*. In Markus 11 sagte Jesus: »Wer ... spräche ... und zweifelte nicht in seinem Herzen, sondern glaubte, daß es geschehen würde, was er sagt, so wird's ihm geschehen.«

Durch deine *Worte* räumst du in deinem Leben Gott genau den Platz ein, den er innehaben wird. Dein Gebet sollte sein: »Laß dir wohlgefallen die Rede meines Mundes und das Gespräch meines Herzens vor dir, Herr, mein Fels und mein Erlöser« (Ps. 19, 15). Denke viel nach, aber sieh darauf, daß deine Gedanken von Gottes Wort regiert werden. Dein Verhalten wird weitgehend durch früheres Denken beeinflußt. Du kannst nicht lange und tief nachdenken, ohne daß deine Gedanken durch Handlungen und Worte Gestalt annehmen.

Wie sehr wichtig ist es, daß du Gott den ersten Platz in deinem Leben einräumst! Du wirst deinen Willen und deinen Geist als Kanäle zur Verfügung stellen, durch die Gott *seine* Gedanken denken kann. Dafür danken wir und preisen den Herrn!

Schieb es nicht auf und gib nicht auf

1. Erwarte immer das Beste — immer. Erwarte nie das Schlimmste — nie. Erwarte ein Wunder. Deine Haltung zum Leben bestimmt dein Leben. Du bekommst immer genau das, was du erwartest ... Gutes oder

Böses. Erwarte das Gute, und du wirst es bekommen — erwarte das Schlechte, und du wirst auch das bekommen.

2. Durch dein erwartungsvolles Gebet entscheidest du gerade jetzt, wie du und deine Umstände morgen aussehen werden. Der Mann an der schönen Tür »sah sie an und wartete, daß er etwas von ihnen empfinge.« Er erwartete etwas und bekam es. Erwarte Wunder für dein Leben, und Wunder werden dein Teil sein, ebenso wie ein Wunder für den hoffnungslosen Krüppel an der Tür sein Teil war.

3. Sei einer, der sagt: »Gott kann und will Dinge tun ... durch mich.« Das ist nicht Eigendünkel; es ist hundertprozentig schriftgemäß. Hebräer 11 erzählt uns von Männern und Frauen, die Dinge taten. Du kannst Dinge tun — was auch immer der Herr getan haben möchte.

4. Das Geheimnis des Sieges ist Handeln und Beharrlichkeit. Schieb es nicht auf und gib nicht auf.

5. Du lebst *jetzt*, heute, niemals im »morgen«. Sage nicht, was du tun würdest, wenn die Umstände zu deinen Gunsten wären, wenn du das Geld hättest, wenn du die Bil-

dung hättest oder die Möglichkeiten. Lösche das »wenn« aus, mache dich auf und erobere. Höre auf, von dem guten Leben zu träumen, das du nächstes Jahr haben könntest oder in zehn Jahren. Beginne jetzt, auf die beste Weise zu leben.

6. Sei *jetzt* eifrig für Gott. Vergib *jetzt* anderen. Sei *jetzt* kühn und furchtlos. Ziehe nicht eine unsichere und unbestimmte Zukunft einem positiven und konstruktiven Leben vor.

7. Weigere dich, von Furcht beherrscht zu werden. »Was ich gefürchtet habe, ist über mich gekommen, und wovor mir graute, hat mich getroffen« (Hiob 3, 25). Was du beständig fürchtest, wirst du bekommen. Schiebe es nicht auf dein Pech, dein Mißgeschick, das Verhängnis oder auf »andere Leute«. Du bittest selbst darum, indem du der Furcht Raum gibst. Du bist dir selbst dein größter Feind, du machst dir selbst die größten Schwierigkeiten. Ganz bestimmt wird das, was du fürchtest, über dich kommen. Ändere das alles gerade jetzt; bestätige: »Furcht hat kein Teil in meinem Herzen, denn Gott hat mir nicht den Geist der Furcht gegeben!«

Teil 2

Was du bekommst

Wie man diese
Verheißungen anwendet

Wir haben den größten Teil dieses Buches auf das »was du sagst« verwendet und ich hoffe, daß du schon viele biblische Verheißungen gelesen und angewendet hast. Der Rest dieses Buches ist Nachtisch. Er ist gänzlich den Schriftverheißungen gewidmet, die du beanspruchen kannst, wenn du die Prinzipien des Sprechens und Glaubens anwendest, die wir schon erörtert haben.

Rückblickend möchte ich dich erinnern, daß du ein Kind Gottes wurdest, als du Jesus als deinen Herrn angenommen hast. Wie alle Gotteskinder hast du nun gewisse Rechte und Vorrechte, die für dich in Gottes Wort, der Bibel, niedergeschrieben sind.

Obwohl der Bund, den du mit Gott hast, der Neue Bund ist, darfst du auch jede Verheißung des Alten Bundes beanspruchen, da die Bibel uns ja sagt, daß »*alle* Verheißungen Gottes Ja und Amen sind in ihm, Gott zum Lobe durch uns.« Wenn es in der Bibel steht, ist es ein Versprechen, das du in Anspruch nehmen kannst!

Gott sagt: »Ich will meinen Bund nicht entheiligen und nicht ändern, was aus meinem Munde gegangen ist« (Ps. 89, 35); »Wie ich's gesagt habe, so lasse ich's kommen; was ich geplant habe, das tue ich auch« (Jes. 46, 11). Die Bibel sagt uns, daß Gott nicht lügen kann und daß er imstande ist zu erfüllen, was er verheißen hat. Deshalb kannst du ohne eine Spur von Zweifel wissen, wenn du eine Verheißung der Bibel beanspruchst (unter Erfüllung aller Bedingungen, die damit verknüpft sind), wird Gott sein Wort halten.

Wichtig ist es, jede Verheißung genau so zu nehmen, wie sie da steht. Versuche nicht, etwas hinzuzufügen oder zu erklären, was »sie in Wirklichkeit bedeuten muß« oder zwischen den Zeilen zu lesen. Lies sie einfach genau so wie ein legales Dokument — denn das ist sie. Die Bibel ist das Testament (oder der Wille), das alles erklärt, was wir ererbt haben, als Christus für uns starb.

Wenn nun ein Teil der Verheißung besagt, daß du etwas tun mußt (»beten«, »glauben« usw.), dann tu das. Es gibt einige Verheißungen, die Gott als einen Vertrag betrachtet — sie sagen, was er tun will, wenn du deinen Teil des Vertrages erfüllst.

Schließlich bedenke auch, daß Gott verheißen hat, *was* er tun will, aber nicht, *wann* er es tun will — und doch tut er es immer zur rechten Zeit! Die gewünschten Ergebnisse können unmittelbar eintreten. Dann auch wieder nicht. Die Bibel nennt diese Wartezeit »die Bewährung unseres Glaubens« und sagt, daß er »Geduld wirkt« (Jak. 1, 3), und daß er »viel köstlicher ist als das vergängliche Gold« (1. Petr. 1, 7). Aber fürchte dich nicht, glaube nur, und Gott wird das gewünschte Ergebnis in seiner vollkommenen Zeitrechnung eintreten lassen.

Und hier ist nun das, *was du bekommst.*

Gebetserhörungen

Bei Gott ist nichts unmöglich. Hier sind Verheißungen aus Gottes Wort, die du in Anspruch nehmen kannst, wann immer du ein Wunder brauchst als Antwort auf Gebet.

Denn wer da bittet, der empfängt; und wer da sucht, der findet; und wer da anklopft, dem wird aufgetan. (Matth. 7, 8)

So denn ihr, die ihr doch arg sei, könnt dennoch euren Kindern gute Gaben geben, wie viel mehr wird euer Vater im Himmel Gutes geben denen, die ihn bitten! (Matth. 7, 11)

So ihr Glauben habt wie ein Senfkorn, so mögt ihr sagen zu diesem Berge: Hebe dich von hinnen dorthin! so wird er sich heben; und euch wird nichts unmöglich sein. (Matth. 17, 20)

Weiter sage ich euch: Wo zwei unter euch eins werden auf Erden, worum sie bitten wollen, das soll ihnen widerfahren von meinem Vater im Himmel. (Matth. 18, 19)

Und alles, was ihr bittet im Gebet, so ihr glaubet, werdet ihr's empfangen. (Matth. 21, 22)

Alle Dinge sind möglich dem, der da glaubt. (Mark. 9, 23)

Jesus antwortete und sprach zu ihnen: Habt Glauben an Gott. Wahrlich ich sage euch: Wer zu diesem Berge spräche: Hebe dich und wirf dich ins Meer! und zweifelte nicht in seinem Herzen, sondern glaubte, daß es geschehen würde, was er sagt, so wird's ihm geschehen, was er sagt. Darum sage ich euch: Alles was ihr bittet in eurem Gebet, glaubet nur, daß ihr's empfangen werdet, so wird's euch werden. (Mark. 11, 22 – 24)

Die Zeichen aber, die da folgen werden denen, die da glauben, sind die: in meinem Namen werden sie böse Geister austreiben, in neuen Zungen reden, Schlangen vertreiben, und wenn sie etwas Tödliches trinken, wird's ihnen nicht schaden; auf die Kranken werden sie die Hände legen, so wird's besser mit ihnen werden. (Mark. 16, 17. 18)

Der Herr aber sprach: Wenn ihr Glauben habt wie ein Senfkorn und sagt zu diesem Maulbeerbaum: Reiß dich aus und versetze dich ins Meer! so wird er euch gehorsam sein. (Luk. 17, 6)

Wer an mich glaubt, der wird die Werke auch tun, die ich tue, und wird größere als diese tun, denn ich gehe zum Vater. (Joh. 14, 12)

Und was ihr bitten werdet in meinem Namen, das will ich tun, auf daß der Vater geehrt werde in dem Sohne. (Joh. 14, 13)

Was ihr mich bitten werdet in meinem Namen, das will ich tun. (Joh. 14, 14)

Was immer ihr den Vater bittet in meinem Namen, wird er euch geben. (Joh. 15, 16)

An dem Tage werdet ihr bitten in meinem Namen. Und ich sage euch nicht, daß ich den Vater für euch bitten will; denn er selbst, der Vater hat euch lieb, darum daß ihr mich liebet und glaubet, daß ich von Gott ausgegangen bin. (Joh. 16, 26. 27)

Die Taufe im Heiligen Geist

Die Taufe im Heiligen Geist ist das größte Geheimnis für einen Menschen, der bekommt, was er sagt. Sie ist eine zweite Erfahrung mit Gott (die erste ist die Wiedergeburt), in der der Christ beginnt, eine neue Erfüllung mit übernatürlicher Kraft in seinem Leben zu empfangen. Hier sind Schriftstellen, die zeigen, daß du erwarten kannst, mit dem Heiligen Geist erfüllt zu werden:

Ich will meinen Geist in euch geben und solche Leute aus euch machen, die in meinen Geboten wandeln und meine Rechte halten und danach tun. (Hes. 36, 27)

Und nach diesem will ich meinen Geist ausgießen über alles Fleisch, und eure Söhne und Töchter sollen weissagen, eure Ältesten sollen Träume haben, und eure Jünglinge sollen Gesichte sehen. (Joel 3, 1)

Ich taufe euch mit Wasser zur Buße; der aber nach mir kommt, ist stärker als ich, und ich bin nicht genug, ihm die Schuhe abzunehmen; der wird euch mit dem heiligen Geist und mit Feuer taufen. (Matth. 3, 11)

So denn ihr, die ihr arg seid, könnet euren Kindern gute Gaben geben, wieviel mehr wird der Vater im Himmel den heiligen Geist geben denen, die ihn bitten! (Luk. 11, 13)

Und ich will den Vater bitten, und er wird euch einen andern Tröster geben, daß er bei euch sei ewiglich: den Geist der Wahrheit, welchen die Welt nicht kann empfangen; denn sie sieht ihn nicht und kennt ihn nicht. Ihr aber kennet ihn, denn er bleibt bei euch und wird in euch sein. (Joh. 14, 16. 17)

Aber der Tröster, der heilige Geist, welchen mein Vater senden wird in meinem Namen, der wird euch alles lehren und euch erinnern alles des, das ich euch gesagt habe. (Joh. 14, 26)

Wenn aber der Tröster kommen wird, welchen ich euch senden werde vom Vater, der Geist der Wahrheit, der vom Vater ausgeht, der wird zeugen von mir. (Joh. 15, 26)

Aber ich sage euch die Wahrheit: es ist euch gut, daß ich hingehe. Denn so ich nicht hingehe, so kommt der Tröster nicht zu euch; so ich aber gehe, will ich ihn zu euch senden. (Joh. 16, 7)

Sondern ihr werdet die Kraft des heiligen Geistes empfangen, welcher auf euch kommen wird, und werdet meine Zeugen sein zu Jerusalem und in ganz Judäa und Samarien und bis an das Ende der Erde. (Apg. 1, 8)

Tut Buße und lasse sich ein jeglicher taufen auf den Namen Jesu Christi zur Vergebung der Sünden, so werdet ihr empfangen die Gabe des heiligen Geistes. (Apg. 2, 38)

Denn euer und eurer Kinder ist diese Verheißung und aller, die ferne sind, welche Gott, unser Herr, herzurufen wird. (Apg. 2, 39)

Trost

Jesus möchte, daß wir Frieden und Freude haben, sogar mitten in Unglück und Prüfungen. Hier sind vierzehn Gründe, warum du nicht betrübt sein sollst, sondern Vertrauen und Zuversicht in Gottes wunderbare Fürsorge für dich haben sollst:

Du sollst dein Elend vergessen und seiner gedenken wie des Wassers, das vorübergeht. (Hiob 11, 16)

Und ob ich schon wanderte im finstern Tal, fürchte ich kein Unglück, denn du bist bei mir, dein Stecken und Stab trösten mich. (Ps. 23, 4)

Der Herr ist nahe bei denen, die zerbrochenen Herzens sind, und hilft denen, die ein zerschlagenes Gemüt haben. (Ps. 34, 19)

Das ist mein Trost in meinem Elend, denn dein Wort erquickt mich. (Ps. 119, 50)

Er heilt, die zerbrochenen Herzens sind, und verbindet ihre Wunden. (Ps. 147, 3)

Denn der Herr hat sein Volk getröstet und erbarmt sich seiner Elenden. (Jes. 49, 13)

Ich, ich bin euer Tröster! (Jes. 51, 12)

Denn es sollen wohl Berge weichen und Hügel hinfallen; aber meine Gnade soll nicht von dir weichen und der Bund meines Friedens soll nicht hinfallen, spricht der Herr, dein Erbarmer. (Jes. 54, 10)

Er hat mich gesandt, ... die zerbrochenen Herzen zu verbinden, ... zu trösten alle Traurigen, zu schaffen den Traurigen zu Zion, daß ihnen Schmuck für Asche und Freudenöl für Traurigkeit und Lobgesang für einen betrübten Geist gegeben werden. (Jes. 61, 1. 3)

Ich will euch nicht als Waisen zurücklassen, ich komme zu euch. (Joh. 14, 18)

Gelobt sei Gott und der Vater unsers Herrn Jesus Christus, der Vater der Barmherzigkeit und Gott alles Trostes, der uns tröstet in aller unserer Trübsal, daß wir trösten können, die da sind in allerlei Trübsal, mit dem Trost, mit dem wir selber getröstet werden von Gott. (2. Kor. 1, 3. 4)

Selig sind, die da Leid tragen; denn sie sollen getröstet werden. (Matth. 5, 4)

Glaube

Du kannst kühn sein in deinem Christenleben mit dem Wissen, daß du ein Mann des Glaubens, eine Frau des Glaubens bist. Du kannst für jede Situation den Glauben, den du brauchst, in Anspruch nehmen. Was für ein Segen ist die Gewißheit, daß — egal, wie du dich fühlst — Gott sagt: der Glaube ist etwas, das du bereits hast. Er ist eine Gabe von ihm.

Denn darin wird offenbart die Gerechtigkeit, die vor Gott gilt, welche kommt aus Glauben in Glauben; wie denn geschrieben steht: »Der Gerechte wird aus Glauben leben.« (Röm. 1, 17)

So kommt der Glaube aus der Predigt, das Predigen aber durch das Wort Gottes. (Röm. 10, 17)

Gott hat jedermann ausgeteilt das Maß des Glaubens. (Röm. 12, 3)

Aber die Schrift hat alles beschlossen unter die Sünde, auf daß die Verheißung durch den Glauben an Jesum Christum gegeben würde denen, die da glauben. (Gal. 3, 22)

Denn ihr seid alle Gottes Kinder durch den Glauben an Christum Jesum. (Gal. 3, 26)

Die Frucht aber des Geistes ist Liebe, Freude, Friede, Geduld, Freundlichkeit, Gütigkeit, Glaube, Sanftmut, Keuschheit. (Gal. 5, 22)

Denn aus Gnade seid ihr selig geworden durch den Glauben, und das nicht aus euch: Gottes Gabe ist es. (Eph. 2, 8)

Denn euch ist es gegeben um Christi willen ... an ihn zu glauben. (Phil. 1, 29)

Werdet nicht träge, sondern Nachfolger derer, die durch Glauben und Geduld ererben die Verheißungen. (Hebr. 6, 12)

Denn alles, was von Gott geboren ist, überwindet die Welt; und unser Glaube ist der Sieg, der die Welt überwunden hat. (1. Joh. 5, 4)

Gemeinschaft mit Gott

Die Bibel sagt uns, daß Gott uns geschaffen hat zu seiner Freude, daß er »Wohlgefallen an den Frommen« hat (Spr. 11, 20). Wenn wir ihm gehorchen, dürfen wir Gottes Freunde sein.

Der Herr ist mit euch, weil ihr mit ihm seid; und wenn ihr ihn sucht, wird er sich von euch finden lassen. (2. Chron. 15, 2)

Die Frommen werden vor deinem Angesicht bleiben. (Ps. 140, 14)

Und siehe, ich bin bei euch alle Tage bis an der Welt Ende. (Matth. 28, 20)

Wer meine Gebote hat und hält sie, der ist es, der mich liebt. Wer mich aber liebt, der wird von meinem Vater geliebt werden, und ich werde ihn lieben und mich ihm offenbaren. (Joh. 14, 21)

Ihr seid meine Freunde, so ihr tut, was ich euch gebiete. (Joh. 15, 14)

Nahet euch zu Gott, so naht er sich zu euch. (Jak. 4, 8)

Was wir gesehen und gehört haben, das verkündigen wir euch, auf daß auch ihr mit uns Gemeinschaft habt; und unsre Gemeinschaft ist mit dem Vater und mit seinem Sohn Jesus Christus. (1. Joh. 1, 3)

Siehe, ich stehe vor der Tür und klopfe an. So jemand meine Stimme hören wird und die Tür auftun, zu dem werde ich eingehen und das Abendmahl mit ihm halten und er mit mir. (Offb. 3, 20)

Finanzielles Wohlergehen

Freiheit von finanziellen Sorgen wird in Gottes Wort zugesichert. Viele Leute sind des Friedens und der Freude im Herrn beraubt wegen ihrer ständigen Geldsorgen. Als Christ jedoch kannst du, sofern du treu bist in Zehnten und Opfern, die untenstehenden Verheißungen beanspruchen. Die Banken mögen schließen und das Geld mag entwertet werden, aber Gottes Wort ist allezeit sicher.

So haltet nun die Worte dieses Bundes und tut danach, auf daß ihr glücklich ausrichten könnt all euer Tun. (5. Mose 29, 8)

Hoffe auf den Herrn und tue Gutes, bleibe im Lande und nähre dich redlich. (Ps. 37, 3)

Ich bin jung gewesen und alt geworden und habe noch nie den Gerechten verlassen gesehen noch seine Kinder um Brot betteln. (Ps. 37, 25)

Der Herr gibt Gnade und Ehre: er wird kein Gutes mangeln lassen den Frommen. (Ps. 84, 12)

Der Gute wird vererben auf Kindeskind, aber des Sünders Gut wird für den Gerechten gespart. (Spr. 13, 22)

Laß dein Brot über das Wasser fahren, so wirst du es finden nach langer Zeit. (Pred. 11, 1)

Ich will dir geben die heimlichen Schätze und die verborgenen Kleinode, auf daß du erkennest, daß ich, der Herr, der Gott Israels, dich bei deinem Namen genannt habe. (Jes. 45, 3)

Gebet, so wird euch gegeben. Ein voll, gedrückt, gerüttelt und überfließend Maß wird man in euren Schoß geben; denn eben mit dem Maß, mit dem ihr messet, wird man euch wieder messen. (Luk. 6, 38)

So denn Gott das Gras, das heute auf dem Felde steht und morgen in den Ofen geworfen wird, also kleidet, wieviel mehr wird er euch kleiden, ihr Kleingläubigen! (Luk. 12, 28)

Doch trachtet nach dem Reich Gottes, so wird euch das alles zufallen. (Luk. 12, 31)

Fürchte dich nicht, du kleine Herde! Denn es ist eures Vaters Wohlgefallen, euch das Reich zu geben. (Luk. 12, 32)

Bisher habt ihr nichts gebeten in meinem Namen: bittet, und ihr werdet nehmen, daß eure Freude vollkommen sei. (Joh. 16, 24)

Mein Gott aber fülle aus alle eure Notdurft nach seinem Reichtum in der Herrlichkeit in Christo Jesu. (Phil. 4, 19)

Mein Lieber, ich wünsche, daß dir's in allen Stücken wohlgehe und du gesund seiest, wie es deiner Seele wohl geht. (3. Joh. 2)

Vergebung

Wenn du denen vergeben wirst, die dir Unrecht ge-
tan haben, wird Gott dir vergeben, wenn du Verge-
bung brauchst. Zuerst vergib; dann bitte um Verge-
bung; dann stehe auf den folgenden Verheißungen:

So ferne der Morgen ist vom Abend, läßt er unsre
Übertretungen von uns sein. (Ps. 103, 12)

So ist nun nichts Verdammliches an denen, die in
Christo Jesu sind; die nicht nach dem Fleisch wandeln, sondern nach dem Geist. (Röm. 8, 1)

Und solche sind euer etliche gewesen; aber ihr seid
abgewaschen, ihr seid geheiligt, ihr seid gerecht geworden durch den Namen des Herrn Jesus und
durch den Geist unseres Gottes. (1. Kor. 6, 11)

Denn er hat den, der von keiner Sünde wußte, für
uns zur Sünde gemacht, auf daß wir würden in ihm
die Gerechtigkeit, die vor Gott gilt. (2. Kor. 5, 21)

In ihm haben wir die Erlösung durch sein Blut, die
Vergebung der Sünden, nach dem Reichtum seiner
Gnade. (Eph. 1, 7)

In welchem wir die Erlösung haben, nämlich die
Vergebung der Sünden. (Kol. 1, 14)

Wenn wir aber im Licht wandeln, wie er im Licht
ist, so haben wir Gemeinschaft untereinander, und
das Blut Jesu Christi, seines Sohnes, macht uns rein
von aller Sünde. (1. Joh. 1, 7)

Wenn wir aber unsre Sünden bekennen, so ist er treu und gerecht, daß er uns die Sünden vergibt und reinigt uns von aller Untugend. (1. Joh. 1, 9)

Und ob jemand sündigt, so haben wir einen Fürsprecher bei dem Vater, Jesus Christus, der gerecht ist. Und derselbe ist die Versöhnung für unsere Sünden; nicht allein aber für die unseren, sondern auch für die der ganzen Welt. (1. Joh. 2, 1. 2)

Heilung

»Fürchte dich nicht, glaube nur.« Ich habe gesehen, wie Gott Tausende von Menschen geheilt hat, und was er für sie tat, wird er auch für dich tun.

Ich bin der Herr, dein Arzt. (2. Mose 15, 26)

Ich will alle Krankheit von dir wenden. (2. Mose 23, 25)

Lobe den Herrn, meine Seele, und vergiß nicht, was er dir Gutes getan hat: der dir alle deine Sünden vergibt und heilet alle deine Gebrechen, der dein Leben vom Verderben erlöst. (Ps. 103, 2 – 4)

Er sandte sein Wort und machte sie gesund und errettete sie, daß sie nicht starben. (Ps. 107, 20)

Durch seine Wunden sind wir geheilt. (Jes. 53, 5)

Euch aber, die ihr meinen Namen fürchtet, soll aufgehen die Sonne der Gerechtigkeit und Heil unter ihren Flügeln. (Mal. 3, 20)

Er hat unsere Schwachheiten auf sich genommen und unsere Krankheit hat er getragen. (Matth. 8, 17)

Die Zeichen aber, die da folgen werden denen, die da glauben, sind die: ... auf die Kranken werden sie die Hände legen, so wird's besser mit ihnen werden. (Mark. 16, 17. 18)

Ist jemand krank, der rufe zu sich die Ältesten von der Gemeinde, daß sie über ihm beten und ihn salben mit Öl in dem Namen des Herrn. Und das Gebet des Glaubens wird dem Kranken helfen, und der Herr wird ihn aufrichten; und so er hat Sünden getan, werden sie ihm vergeben sein. (Jak. 5, 14. 15)

Bekennet einer dem andern seine Sünden und betet füreinander, daß ihr gesund werdet. (Jak. 5, 16)

Durch welches Wunden ihr seid heil geworden. (1. Petr. 2, 24)

Mein Lieber, ich wünsche, daß dir's in allen Stücken wohlgehe und du gesund seiest, wie es deiner Seele wohl geht. (3. Joh. 2)

Himmlische Belohnungen

Weil Gottes Wort sagt, daß er den Christen himmlische Belohnungen geben will, kannst du sie auch schon jetzt für dich reservieren. Beanspruche es, daß Gott dich veranlassen wird, dein Leben so zu führen, daß du die allerbesten bekommst.

Ich aber will schauen dein Antlitz in Gerechtigkeit; ich will satt werden, wenn ich erwache, an deinem Bilde. (Ps. 17, 15)

Sammelt euch aber Schätze im Himmel, wo sie weder Motten noch Rost fressen und wo die Diebe nicht nachgraben noch stehlen. (Matth. 6, 20)

Dann werden die Gerechten leuchten wie die Sonne in ihres Vaters Reich. (Matth. 13, 43)

Da sprach sein Herr zu ihm: Ei, du frommer und getreuer Knecht, du bist über wenigem getreu gewesen; ich will dich über viel setzen; gehe ein zu deines Herrn Freude! (Matth. 25, 21)

Da wird dann der König sagen zu denen zu seiner Rechten: Kommt her, ihr Gesegneten meines Vaters, ererbet das Reich, das euch bereitet ist von Anbeginn der Welt! (Matth. 25, 34)

In meines Vaters Hause sind viele Wohnungen. Wenn's nicht so wäre, so wollte ich zu euch sagen: Ich gehe hin, euch die Stätte zu bereiten. Und wenn ich hingehe, euch die Stätte zu bereiten, so will ich wiederkommen und euch zu mir nehmen, auf daß ihr seid, wo ich bin. (Joh. 14, 2. 3)

Wenn aber Christus, euer Leben, sich offenbaren

wird, dann werdet ihr auch offenbar werden mit ihm in der Herrlichkeit. (Kol. 3, 4)

So werden wir beim Herrn sein allezeit. (1. Thess. 4, 17)

Hinfort ist mir beigelegt die Krone der Gerechtigkeit, welche mir der Herr, der gerechte Richter, an jenem Tage geben wird, nicht mir aber allein, sondern auch allen, die seine Erscheinung liebhaben. (2. Tim. 4, 8)

Nun aber begehren sie eines besseren Vaterlandes, nämlich eines himmlischen. Darum schämt sich Gott ihrer nicht, ihr Gott zu heißen; denn er hat ihnen eine Stadt zubereitet. (Hebr. 11, 16)

Wir warten aber eines neuen Himmels und einer neuen Erde nach seiner Verheißung, in welchen Gerechtigkeit wohnt. (2. Petr. 3, 13)

Darum sind sie vor dem Thron Gottes und dienen ihm Tag und Nacht in seinem Tempel; und der auf dem Thron sitzt, wird über ihnen wohnen. Sie wird nicht mehr hungern noch dürsten; es wird auch nicht auf sie fallen die Sonne oder irgendeine Hitze; denn das Lamm mitten auf dem Thron wird sie weiden und leiten zu den lebendigen Wasserbrunnen, und Gott wird abwischen alle Tränen von ihren Augen. (Offb. 7, 15 – 17)

Und wird keine Nacht mehr sein und sie werden nicht bedürfen einer Leuchte oder des Lichts der Sonne; denn Gott der Herr wird sie erleuchten, und sie werden regieren von Ewigkeit zu Ewigkeit. (Offb. 22, 5)

Hilfe

Es gibt einige Leute, deren Hilfe ich nicht brauche!
Aber Gottes Hilfe ist die beste, die es gibt. Hier sind
Schriftstellen, die dir seine Hilfe verheißen.

Unsre Seele harret auf den Herrn; er ist uns Hilfe
und Schild. (Ps. 33, 20)

Gott ist unsere Zuversicht und Stärke, eine Hilfe in
den großen Nöten, die uns getroffen haben.
(Ps. 46, 2)

Die ihr den Herrn fürchtet, hoffet auf den Herrn.
Er ist ihre Hilfe und Schild. (Ps. 115, 11)

Meine Hilfe kommt von dem Herrn, der Himmel
und Erde gemacht hat. (Ps. 121, 2)

Unsere Hilfe steht im Namen des Herrn, der Himmel und Erde gemacht hat. (Ps. 124, 8)

Fürchte dich nicht, ich bin mit dir, weiche nicht,
denn ich bin dein Gott. Ich stärke dich, ich helfe dir
auch, ich erhalte dich durch die rechte Hand meiner
Gerechtigkeit. (Jes. 41, 10)

Desgleichen hilft auch der Geist unsrer Schwachheit auf. Denn wir wissen nicht, was wir beten sollen, wie sich's gebührt; sondern der Geist selbst ver-
tritt uns mit unaussprechlichem Seufzen. (Röm. 8,
26)

Darum lasset uns hinzutreten mit Freudigkeit zu dem Thron der Gnade, auf daß wir Barmherzigkeit empfangen und Gnade finden auf die Zeit, wenn uns Hilfe not sein wird. (Hebr. 4, 16)

Also dürfen wir sagen: Der Herr ist mein Helfer, ich will mich nicht fürchten; was sollte mir ein Mensch tun? (Hebr. 13, 6)

Kraft

Die Kraft, die Gott gibt, ist Kraft zu dienen. Denn »wer unter euch der Größte sein will, der sei euer aller Diener.«

Der Gott Israels wird seinem Volke Macht und Kraft geben. (Ps. 68, 36)

Er gibt dem Müden Kraft und Stärke genug dem Unvermögenden. (Jes. 40, 29)

Sehet, ich habe euch Vollmacht gegeben, zu treten auf Schlangen und Skorpione, und über alle Gewalt des Feindes; und nichts wird euch schaden. (Luk. 10, 19)

Wahrlich, wahrlich ich sage euch: Wer an mich glaubt, der wird die Werke auch tun, die ich tue, und wird größere als diese tun, denn ich gehe zum Vater. (Joh. 14, 12)

Ihr werdet die Kraft des heiligen Geistes empfangen, welcher auf euch kommen wird. (Apg. 1, 8)

Ist Gott für uns, wer mag wider uns sein? (Röm. 8, 31)

Denn Gott hat uns nicht gegeben den Geist der Furcht, sondern der Kraft und der Liebe und der Zucht. (2. Tim. 1, 7)

Bewahrung

Die Bibel sagt uns, daß Gott seine Kinder sowohl vor plötzlichem Unglück als auch vor bösen Zufällen bewahren kann!

Du bist mein Schirm, du wirst mich vor Angst behüten, daß ich errettet gar fröhlich rühmen kann. (Ps. 32, 7)

Der Engel des Herrn lagert sich um die, die ihn fürchten, und hilft ihnen aus. (Ps. 34, 8)

Es wird dir kein Übel begegnen, und keine Plage wird sich deinem Hause nahen. (Ps. 91, 10)

Der Herr behüte dich vor allem Übel, er behüte deine Seele. (Ps. 121, 7)

Wenn ich mitten in der Angst wandle, so erquickst du mich und streckst deine Hand gegen den Zorn meiner Feinde und hilfst mir mit deiner Rechten. (Ps. 138, 7)

Denn der Herr ist deine Zuversicht; er behütet deinen Fuß, daß er nicht gefangen werde. (Spr. 3, 26)

Ist Gott für uns, wer mag wider uns sein? (Röm. 8, 31)

Aber der Herr ist treu; der wird euch stärken und bewahren vor dem Argen. (2. Thess. 3, 3)

Rettung

Gott möchte dich retten, genau so sehr wie du gerettet werden möchtest, und er hat verheißen: »Wenn jemand meine Stimme hören wird und die Tür auftut, zu dem werde ich eingehen.«

Und sie wird einen Sohn gebären, des Namens sollst du Jesus heißen; denn er wird sein Volk retten von ihren Sünden. (Matth. 1, 21)

Also hat Gott die Welt geliebt, daß er seinen eingeborenen Sohn gab, auf daß alle, die an ihn glauben, nicht verloren werden, sondern das ewige Leben haben. (Joh. 3, 16)

Alles, was mir mein Vater gibt, das kommt zu mir; und wer zu mir kommt, den werde ich nicht hinausstoßen. (Joh. 6, 37)

Ich bin die Tür; so jemand durch mich eingeht, der wird gerettet werden und wird ein- und ausgehen und Weide finden. (Joh. 10, 9)

Jesus spricht zu ihr: Ich bin die Auferstehung und das Leben. Wer an mich glaubt, der wird leben, ob er gleich stürbe. (Joh. 11, 25)

Das ist aber das ewige Leben, daß sie dich, der du allein wahrer Gott bist, und den du gesandt hast, Jesus Christus, erkennen. (Joh. 17, 3)

Denn der Tod ist der Sünde Sold, aber die Gabe Gottes ist das ewige Leben in Christo Jesu, unserm Herrn. (Röm. 6, 23)

Denn »wer den Namen des Herrn wird anrufen, soll gerettet werden«. (Röm. 10, 13)

Geistliches Wohlergehen

*Die Bibel sagt, daß wir alle verwandelt werden, um
wie Jesus zu sein, »von Herrlichkeit zu Herrlichkeit«.
Gott hat beides versprochen: uns zu halten und uns in
ihm wachsen zu lassen.*

Der Herr wird's für mich vollführen. (Ps. 138, 8)

Aber der Gerechten Pfad glänzt wie das Licht am
Morgen, das immer heller leuchtet bis zum vollen
Tag. (Spr. 4, 18)

Das ist aber der Wille des Vaters, der mich gesandt
hat, daß ich nichts verliere von allem, was er mir gegeben hat, sondern daß ich's auferwecke am Jüng-
sten Tage. (Joh. 6, 39)

Denn meine Schafe hören meine Stimme, und ich
kenne sie, und sie folgen mir, und ich gebe ihnen das
ewige Leben, und sie werden nimmermehr umkom-
men, und niemand wird sie aus meiner Hand rei-
ßen. (Joh. 10, 27. 28)

Welcher auch wird euch fest erhalten bis ans Ende,
daß ihr unsträflich seid auf den Tag unseres Herrn
Jesu Christi. (1. Kor. 1, 8)

Nun aber spiegelt sich bei uns allen die Herrlichkeit des Herrn in unserem aufgedeckten Angesicht,
und wir werden verklärt in sein Bild von einer Herrlichkeit zur andern von dem Herrn, der der Geist ist.
(2. Kor. 3, 18)

Der in euch angefangen hat das gute Werk, der wird's auch vollführen bis an den Tag Jesu Christi. (Phil. 1, 6)

Euch, die ihr aus Gottes Macht durch den Glauben bewahrt werdet zur Seligkeit, welche bereitet ist, daß sie offenbar werde zu der letzten Zeit. (1. Petr. 1, 5)

Stärke

Gott hat uns Stärke verheißen für unseren Leib und für unseren Geist. Darüberhinaus ist er stets gegenwärtig, um uns seine Stärke zu leihen, die größte Stärke überhaupt.

Die Freude am Herrn ist eure Stärke. (Neh. 8, 10)

Wer reine Hände hat, nimmt an Stärke zu. (Hiob 17, 9)

Der Herr wird seinem Volk Kraft geben. (Ps. 29, 11)

Aber der Herr hilft den Gerechten, er ist ihre Stärke in der Not. (Ps. 37, 39)

Der Gott Israels wird dem Volke Macht und Kraft geben. (Ps. 68, 36)

Verlaßt euch auf den Herrn immerdar; denn Gott der Herr ist ein Fels ewiglich. (Jes. 26, 4)

Aber die auf den Herrn harren, kriegen neue Kraft, daß sie auffahren mit Flügeln wie Adler, daß sie laufen und nicht matt werden, daß sie wandeln und nicht müde werden. (Jes. 40, 31)

Aber die vom Volk, die ihren Gott kennen, werden sich ermannen und danach handeln. (Dan. 11, 32)

Laß den Schwachen sagen, ich bin stark. (Joel 4, 10)

Ich vermag alles durch den, der mich mächtig macht, Christus. (Phil. 4, 13)

Weisheit

Die wichtigste Weisheit, die Gott gibt, ist die Weisheit, seinen Willen zu erkennen. Aber seine Verheißungen sind unbeschränkt. Als ein liebender Vater ist er darauf bedacht, uns selbst in den kleinsten Problemen mit Weisheit zu helfen.

Denn der Herr gibt Weisheit, und aus seinem Munde kommt Erkenntnis und Verstand. Er läßt's den Aufrichtigen gelingen und beschirmt die Frommen. (Spr. 2, 6. 7)

Die aber nach dem Herrn fragen, merken auf alles. (Spr. 28, 5)

Denn dem Menschen, der ihm gefällt, gibt er Weisheit, Verstand und Freude. (Pred. 2, 26)

Rufe mich an, so will ich dir antworten und will dir anzeigen große und gewaltige Dinge, die du nicht weißt. (Jer. 33, 3)

So jemand will des Willen tun, der wird innewerden, ob diese Lehre von Gott sei. (Joh. 7, 17)

Und ihr werdet die Wahrheit erkennen. (Joh. 8, 32)

Aber der Tröster, der heilige Geist, welchen mein Vater senden wird in meinem Namen, der wird euch alles lehren und euch erinnern alles des, das ich euch gesagt habe. (Joh. 14, 26)

Wenn aber jener, der Geist der Wahrheit, kommen wird, der wird euch in alle Wahrheit leiten ... und was zukünftig ist, wird er euch verkündigen. (Joh. 16, 13)

Von ihm kommt auch ihr her in Christo Jesu, welcher uns gemacht ist von Gott zur Weisheit und zur Gerechtigkeit und zur Heiligung und zur Erlösung. (1. Kor. 1, 30)

Wir aber haben Christi Sinn. (1. Kor. 2, 16)

Denn solches ist gut und angenehm vor Gott, unserem Heiland, welcher will, daß allen Menschen geholfen werde und sie zur Erkenntnis der Wahrheit kommen. (1. Tim. 2, 3. 4)

So aber jemandem unter euch Weisheit mangelt, der bitte Gott, der da gern gibt jedermann und allen mit Güte begegnet, so wird ihm gegeben werden. (Jak. 1, 5)